Gleich & Gerecht

Der Rechts- und Finanzratgeber für die wirklich gleichberechtigte Partnerschaft

Anna Kiehl

WOLTERS KLUWER | STEUERTIPPS

Postfach 10 01 61 · 68001 Mannheim
Telefon 0621/8626262
Telefax 0621/8626263
www.steuertipps.de

1. Auflage
Stand: März 2026

Zum Zwecke der besseren Lesbarkeit verwenden wir allgemein die grammatisch weibliche Form. Selbstverständlich meinen wir aber bei Personenbezeichnungen immer alle Menschen unabhängig von ihrer jeweiligen geschlechtlichen Identität.

Redaktion: Dr. Torsten Hahn, Benedikt Naglik

Geschäftsführer: Christoph Schmidt, Stefan Wahle

Layout und Umschlaggestaltung: futurweiss kommunikationen, Wiesbaden

Bildquelle: © deagreez – Adobe Stock

Printed in Poland

ISBN 978-3-96533-495-3

Steuertipps auf Social Media:

Vorwort

Gleichberechtigung ist kein Gefühl – sie ist ein Vertrag.

Liebe macht blind – auch für Risiken. Viele Paare sprechen stundenlang über Urlaubsziele oder Kinderwünsche, aber kaum über Finanzen, Care-Arbeit oder den Fall einer Trennung. Die romantische Vorstellung »Das regelt sich schon« ist weit verbreitet und gefährlich. Dieses Buch will keine Angst machen, sondern Mut: Mut, über das zu reden, was wirklich zählt. Es zeigt, dass Eheverträge, Partnerschaftsvereinbarungen und rechtliche Klarheit eine Beziehung nicht schwächen, sondern stärken.

Wer liebt, muss nicht blind vertrauen. Sondern darf und muss klug gestalten. Und genau darum geht es in diesem Ratgeber. Nicht um Romantik-Killer, sondern um Beziehungs-Backup. Um Fairness statt Fürsorge-Falle. Um finanzielle Klarheit, rechtliche Absicherung und den Mut, gemeinsam Verantwortung zu übernehmen – aus Liebe und Verstand.

Als Rechtsanwältin begleitet Anna Kiehl seit Jahren Paare in Momenten großer Entscheidungen – beim Heiraten, beim Kinderkriegen, beim Trennen. Sie sieht, was schiefläuft, wenn man »das mit uns« für selbstverständlich hält. Wenn unbezahlte Arbeit einfach passiert, aber nicht anerkannt wird. Wenn einer zurücksteckt und am Ende leer ausgeht. Und sie sieht, was möglich ist, wenn Paare bewusst entscheiden: Wir wollen gerecht sein. Nicht gleich. Aber fair.

Dieses Buch ist für alle, die Gleichberechtigung nicht nur fühlen, sondern auch leben wollen – und das juristisch wirksam. Es ist für Frauen (und Männer), die Care-Arbeit leisten, Familien organisieren, beruflich flexibel bleiben – und sich nicht länger damit zufriedengeben, dass das halt »die Liebe des Lebens« kostet. Es ist für

Paare, die vorsorgen wollen, ohne Misstrauen zu säen. Für Mütter, die nicht nur »mit dem Herzen dabei«, sondern auch mit dem Gesetz im Rücken handeln wollen.

Kein Paragrafen-Dschungel, sondern klare Worte. Keine Angst vorm Ehevertrag, sondern Respekt füreinander. Mit Witz, mit Beispielen und dem festen Ziel: Eine starke Beziehung, die hält. Auch rechtlich.

Denn Gleichberechtigung beginnt beim Konto und endet nicht beim Scheidungsanwalt. Sie zeigt sich dort, wo es unbequem wird: beim Geld, bei Care-Arbeit, beim Vermögen und im Ernstfall auch bei einer Trennung.

Dieser Ratgeber ist kein »Wie rette ich meine Ehe«-Buch. Es ist ein Manifest für Paare, die sich lieben und die wissen, dass echte Liebe Augenhöhe braucht. Rechtsanwältin Anna Kiehl zeigt, wie moderne Paare Klarheit schaffen: von Finanzen und Care-Arbeit über Ehe- und Partnerschaftsverträge bis hin zu fairen Exit-Strategien. Mit Humor, Praxisbeispielen und juristischem Tiefgang erklärt sie, wie Gleichberechtigung im Alltag gelingt und warum Verträge nichts mit Misstrauen, sondern vor allem mit Respekt zu tun haben.

Dieses Buch gibt Werkzeuge an die Hand, damit Paare sich bewusst entscheiden können: Wie wollen wir leben, lieben und uns absichern?

Anna Kiehl (geb. Henkelmann) ist Rechtsanwältin für Familien- und Erbrecht, Gründerin der Kanzlei HENKELFRAU in Kaarst und Co-Gründerin des Legal Tech Start-ups maerry, das Eheverträge digital zugänglich macht. Ihr Herzensthema: Frauen rechtlich und finanziell stark zu machen. In ihrer täglichen Arbeit begleitet sie Paare, die ihre Beziehung fair und auf Augenhöhe gestalten wollen. Mit klarer Sprache, Humor und juristischer Expertise zeigt sie, wie Recht nicht trennt, sondern schützt. Nach ihrem ersten Buch *Henkelfrau. Alles im Griff* (2021) widmet sie sich nun der Fortsetzung, mit dem Fokus auf Gleichberechtigung, Care-Arbeit und Absicherung in modernen Beziehungen.

Dieses Buch ist aus einem Spannungsfeld entstanden: Paare wünschen sich Liebe, Romantik und Sicherheit, doch in rechtlichen Fragen herrscht oft Schweigen. Viele verlassen sich blind auf gesetzliche Regelungen, die für den »Durchschnittsfall« geschrieben sind, nicht für ihre individuelle Lebensrealität.

Anna Kiehl kennt diese Lücke aus der Praxis: Frauen, die nach Jahren unbezahlter Care-Arbeit ohne Absicherung dastehen. Männer, die glauben, alles sei »fair geregelt«, und dann überrascht sind, wie kompliziert und ungerecht es im Ernstfall wird.

Das Buch versteht sich als Manifest: für Partnerschaften auf Augenhöhe, für rechtliche Anerkennung unbezahlter Arbeit und für eine neue Paarkultur, die Verantwortung und Liebe verbindet.

Neben den unterschiedlichen Kapiteln und Textpassagen werden die teils doch sehr juristisch und mathematisch komplexen Themen durch Beispiele und Tabellen einfach verständlich gemacht. Hinzu kommen echte Fälle aus der Praxis, bei denen die Namen geändert wurden, sodass keine Rückschlüsse auf echte Personen gezogen werden können.

Besonders wichtige Passagen oder Zusammenfassungen werden als Hinweis kenntlich gemacht. Am Ende des Buches gibt es zudem allerhand Tools.

Inhalt

1 Gleichberechtigung beginnt beim Konto

Warum Liebe ohne finanzielle Klarheit keine gute Idee ist.

1.1 Das Märchen von der romantischen Arbeitsteilung

»Wir regeln das schon irgendwie.«

Dieser Satz klingt nach Harmonie, Vertrauen und gelebter Romantik. In der Realität ist er aber oft der Anfang einer unausgesprochenen Schieflage. Denn während einer vielleicht »einfach mal die Stunden reduziert«, »ein bisschen mehr im Haushalt macht« oder »erst mal bei den Kindern bleibt«, zahlt der andere weiter brav in seine Rente ein, baut Karrierechancen aus und sammelt finanzielle Sicherheit.

Romantische Arbeitsteilung bedeutet in der Praxis häufig: Eine Person trägt das finanzielle Risiko, die andere die unsichtbare Last der Care-Arbeit. Solange alles gut läuft, fällt das niemandem auf. Doch spätestens bei einer Trennung – oder beim Blick auf die Altersvorsorge – zeigt sich, dass Liebe allein kein finanzielles Sicherheitsnetz ist. Die Folge: Über die Jahre entsteht ein unsichtbares Ungleichgewicht, das zunächst kaum spürbar ist, bis der erste größere Streit, eine Trennung oder der Blick auf die Renteninformation zeigt, wie groß die Lücke geworden ist.

Statistisch gesehen leisten Frauen in Deutschland im Schnitt 9 Stunden und 10 Minuten mehr unbezahlte Sorgearbeit pro Woche als Männer. Diese sogenannte Care-Arbeit umfasst Kinderbetreuung, Pflege, Haushaltsorganisation und Mental Load. Männer investieren durchschnittlich etwa 20 Stunden pro Woche in unbezahlte Arbeit, Frauen hingegen knapp 29 Stunden. Das entspricht einem Gender-Care-Gap von 43,4 % – Frauen leisten also fast eineinhalb Stunden mehr pro Tag an unsichtbarer Arbeit.

Diese Zeit geht häufig zulasten von Erwerbstätigkeit. Rund 50 % der berufstätigen Frauen in Deutschland arbeiten in Teilzeit, während es bei Männern nur etwa 11 % sind. Der Grund ist selten »freie Wahl«, sondern oft eine Mischung aus gesellschaftlichen Erwartungen und fehlender Infrastruktur wie Kitas oder Ganztagsschulen.

Diese Erwerbsunterbrechungen und Teilzeitphasen wirken sich massiv auf das spätere Alterseinkommen aus. Frauen ab 65 Jahren beziehen im Durchschnitt 18.700 € brutto Alterseinkünfte pro Jahr – Männer hingegen 25.600 €. Das entspricht einer Lücke von 27 %.

Wenn man alle Komponenten der Altersvorsorge betrachtet (gesetzliche Rente, betriebliche und private Vorsorge), liegt der sogenannte Gender-Pension-Gap sogar bei 59,6 %. Das bedeutet: Frauen haben im Alter teilweise nur knapp 40 % der finanziellen Mittel, die Männern zur Verfügung stehen.

Liebe allein schafft also kein finanzielles Sicherheitsnetz. Wer Care-Arbeit übernimmt, leistet einen immensen Beitrag für die Familie, doch ohne klare Absprachen und rechtliche Regelungen zahlt diese Person am Ende oft einen hohen Preis. Nicht nur in Form verpasster Karrierechancen, sondern ganz konkret in Euro, Rentenpunkten und fehlender Altersvorsorge.

Auch ein Großteil der vorherrschenden wirtschaftlichen Probleme könnte womöglich dadurch behoben werden, dass die volle Wirtschaftskraft von Frauen genutzt wird. Wir können es uns nicht leisten auf 50 % der Arbeitskraft, Leistung, Fleiß, Kreativität und Lösungsfindung zu verzichten.

» **Eva & Daniel**

Eva und Daniel sind seit zwölf Jahren verheiratet und haben zwei Kinder (8 und 5 Jahre). Eva war vor der Ehe Vollzeit im Marketing tätig. Nach dem ersten Kind reduzierte sie auf 50 %, nach dem zweiten Kind auf 20 %. Sie übernahm den Großteil der Care-Arbeit und Mental Load. Daniel arbeitete durchgehend Vollzeit, erhielt mehrere Beförderungen und Bonuszahlungen. Vor sieben Jahren kauften sie gemeinsam ein Haus. **Nur Daniel wurde im Grundbuch eingetragen,** weil die Bank »den Hauptverdiener als alleinigen Kreditnehmer« wollte. *»Wir regeln das schon …«* – dachten beide damals.

Eigenkapital kam größtenteils aus Daniels Boni. Wertpapierdepots liefen ausschließlich auf Daniels Namen. Sparplan für die Kinder wurde gemeinschaftlich geführt.

Nach zwölf Jahren Ehe kommt die Trennung: Eva zieht mit den Kindern in eine Mietwohnung. Daniel bleibt zunächst im Haus und verkauft es später (Verkaufspreis: 560.000 €, Restschuld: 410.000 €, **Eigenkapital: 150.000 €**). Daniel behält das Depot im Wert von 90.000 €. Eva hat lediglich 10.000 € Ersparnisse (kleines Tagesgeldkonto und private Altersvorsorge).

Eva sagt: *»Das Haus gehört uns doch beiden – wir haben es doch gemeinsam ausgesucht und abbezahlt!«* Daniel sagt: *»Im Grundbuch stehe nur ich, also gehört es mir.«* Care-Arbeit: Eva hat jahrelang Haushalt und Kinder gemanagt. Diese Arbeit taucht **nirgends in Zahlen oder Verträgen** auf. Mental Load: Arzttermine, Schule, Geburtstage – alles unsichtbar, rechtlich nicht messbar. Frage: Wie wird diese Schieflage am Ende ausgeglichen?

Da es keinen Ehevertrag gibt, gilt die gesetzliche **Zugewinngemeinschaft. Anfangsvermögen bei Eheschließung:** Daniel: 10.000 € und Eva: 0 €. **Endvermögen zum Zeitpunkt der Trennung:** Daniel: Haus-Eigenkapital: 150.000 €, Wertpapierdepot: 90.000 €, Rücklagen: 10.000 €, **Gesamt: 250.000 €,** und Eva: Tagesgeld + private Rentenversicherung: 10.000 €.

Zugewinn Daniel: 250.000 € – 10.000 € = **240.000 €** und Zugewinn Eva: 10.000 € – 0 € **= 10.000 €,** daraus ergibt sich eine Differenz von 230.000 € → Eva erhält **115.000 € Ausgleich.**

Formal wirkt das Ergebnis fair: Eva bekommt einen sechsstelligen Betrag.

Doch: Die **verpasste Karriere** von Eva wird nicht berücksichtigt. Ihre **Rentenlücke** bleibt, weil private Vorsorge nicht geteilt wird. Sie muss **Miete zahlen,** während Daniel noch im Haus lebt und finanziell stabil bleibt. Care-Arbeit und Mental Load sind **komplett unsichtbar** im Ausgleichssystem.

Was ein moderner Ehevertrag bewirkt hätte:

Problem	Lösung durch Ehevertrag 2.0
Haus nur auf Daniels Namen	Hälftiger Grundbucheintrag oder feste Abfindung bei Trennung.
Rentenlücke durch Teilzeit	Care-Bonus: jährliche Einzahlung in Evas private Altersvorsorge.
Karriereknick	Staffelabfindung je Jahr reduzierter Erwerbstätigkeit.
Trennung wird zum Rosenkrieg	Verbindliche Mediation vor Klage, Exit-Stufenplan.

Achtung:

- **Grundbuch schlägt Gefühl** – nur wer eingetragen ist, ist Eigentümerin.
- **Care-Arbeit rechtzeitig absichern,** zum Beispiel über Renten-Top-ups oder Ausgleichszahlungen.
- **Transparenz bei Vermögen:** Wertpapierdepots, private Vorsorge und Immobilien sollten nicht einseitig laufen.
- **Trennungsregelungen** sind kein Misstrauen, sondern **Konfliktprävention.**

1.2 Gender-Pay-Gap, Mental Load und finanzielle Abhängigkeit

Frauen verdienen im Schnitt immer noch weniger als Männer. Nicht, weil sie weniger können, sondern weil Berufe, in denen überwiegend Frauen arbeiten, systematisch schlechter bezahlt sind und weil Karriereunterbrechungen durch Kinder oder Pflegezeiten überwiegend auf ihren Schultern landen.

Dazu kommt der unsichtbare Mental Load: Termine für Kinderarzt, Einkaufsliste, Geburtstagsgeschenke, Haushaltsorganisation. Arbeit, die keine Überstundenvergütung kennt und die in keinem Rentenbescheid auftaucht.

Die Folge: finanzielle Abhängigkeit. Und die ist gefährlich – nicht nur, wenn die Beziehung scheitert, sondern auch im Fall von Krankheit oder Tod des Partners. Abhängigkeit kann außerdem subtile Machtungleichgewichte schaffen: Wer das Geld verdient, bestimmt oft auch, wie es ausgegeben wird.

1.2.1 Gender-Pay-Gap – Warum Frauen weniger verdienen

Die Rolle von Karriereunterbrechungen

Besonders einschneidend sind Unterbrechungen durch Elternzeit oder Pflege von Angehörigen.

- Viele Frauen kehren nach der Geburt eines Kindes nicht in Vollzeit zurück.
- Jede längere Auszeit oder Teilzeitphase wirkt sich auf Gehalt, Rente und Aufstiegsmöglichkeiten aus – und zwar dauerhaft.

Der Gender-Lifetime-Earnings-Gap

Die Summe aus all diesen Faktoren führt zu einer enormen Einkommenslücke im Laufe eines Arbeitslebens. Aktuelle Studien zeigen: Frauen verdienen bis zu 45 % weniger Gesamteinkommen als Männer mit dramatischen Folgen für Altersvorsorge und finanzielle Eigenständigkeit.

Das »Kindereinkommens-Paradox«

Kinder machen glücklich – aber sie verändern die finanzielle Realität eines Paares radikal. Während Väter nach der Geburt eines Kindes im Schnitt **mehr verdienen,** sinkt das Einkommen von Müttern deutlich. Dieser Effekt ist messbar, konstant und international verbreitet.

Laut Statistischem Bundesamt beträgt der sogenannte **»Motherhood-Pay-Gap« in Deutschland rund 40 %.** Das heißt: Frauen mit Kindern verdienen im Durchschnitt **40 % weniger** als kinderlose Frauen – selbst bei gleicher Qualifikation und Berufserfahrung.

Bei Männern zeigt sich das Gegenteil: Väter verdienen im Schnitt **20 % mehr** als kinderlose Männer. Dieser Effekt wird »Fatherhood-Bonus« genannt. Hinzu kommt der weiche Faktor der gesellschaftlichen Anerkennung, welcher Väter im Familien- und Berufsalltag stets glorifiziert, während Mütter es nie »richtig« machen können.

Was als »natürliche Folge von Elternschaft« wahrgenommen wird, ist in Wahrheit das Ergebnis gesellschaftlicher Strukturen: Steuerrecht, Arbeitszeitmodelle, Erwartungshaltungen und fehlende Absicherung der Care-Arbeit.

Erwerbstätigkeit nach Geburt

- Im Jahr nach der Geburt eines Kindes sind **nur 27 % der Mütter** wieder berufstätig, aber **84 % der Väter** (Destatis 2023).

- Nach drei Jahren steigt die Quote der Mütter auf etwa **65 %,** meist in Teilzeit.
- Männer bleiben nahezu konstant in Vollzeit.

Arbeitszeitlücke

- Mütter arbeiten durchschnittlich **18 Stunden weniger pro Woche** als Väter.
- Diese Differenz bleibt auch bestehen, wenn die Kinder älter werden.
- Selbst bei Paaren, die sich »gleichberechtigt« verstehen, beträgt der Unterschied im Schnitt **10 Stunden pro Woche.**

Karriereknick

- Nach der Geburt des ersten Kindes sinkt das individuelle Einkommen von Müttern um durchschnittlich **61 %** – und erholt sich erst nach **10 bis 15 Jahren.**
- Männer erleben im gleichen Zeitraum einen **Einkommenszuwachs von 10 % bis 15 %.**

Rente

- Frauen, die länger als drei Jahre in Teilzeit arbeiten, verlieren pro Jahr durchschnittlich **1,5 Entgeltpunkte** in der gesetzlichen Rentenversicherung. Das entspricht **rund 60 € monatlicher Rente weniger** pro Jahr Teilzeit.
- Über 20 Jahre summiert sich das auf **14.000 € bis 18.000 €** weniger Altersrente – ohne private Vorsorge.

Warum das so ist

Elternschaft ist kein neutraler Lebensabschnitt – sie verändert Macht, Zeit und Prioritäten. Und das Rechtssystem verstärkt diese Effekte oft ungewollt:

Steuerrecht: Das Ehegattensplitting

Das Splitting belohnt Einkommensunterschiede. Je größer die Differenz, desto höher der Vorteil. Das bedeutet: Wenn einer Vollzeit arbeitet und der andere Teilzeit oder gar nicht, profitiert das Paar steuerlich – aber die Ungleichheit wird zementiert.

Das Ehegattensplitting bedeutet nicht per se eine finanzielle Benachteiligung. Auf das gesamte Jahr gesehen gibt es finanziell gesehen keinen Unterschied. Entweder man hat unterjährig mehr Geld, da weniger Steuerlast, oder man bekommt mit der Steuererklärung eine Rückerstattung. In der Praxis ist es nur leider häufig so, dass die Frau die unterjährige Steuerlast trägt und der Mann die unterjährige Steuererleichterung. Die Steuerrückerstattung wird dann allerdings nicht fair aufgeteilt. Das perfekte Beispiel dafür, dass Finanzen und Steuern beide angehen und ein Wissens- bzw.- Wollensvorsprung hier zu einem finanziellen Ungleichgewicht führen.

Merke: Wenn man sich abweichend von der gleichen Besteuerung in Steuerklasse 4 und 4 für eine Besteuerung 4 mit/ohne Faktor entscheidet, dann sollte vorher auch eine verbindliche Regelung zur Aufteilung der Steuerrückerstattung getroffen werden. Eine gute Möglichkeit sind beispielsweise die Aufstockung der Rente der Care-arbeitenden Person oder eine Sondertilgung für die gemeinsam genutzte Immobilie (natürlich nur bei einer 50/50-Grundbuchaufteilung).

Arbeitsmarkt: Fehlende Flexibilität

Noch immer sind viele Führungspositionen nicht teilzeitfähig. Studien zeigen, dass 70 % der Mütter, aber nur 15 % der Väter ihre Arbeitszeit nach der Geburt reduzieren. Teilzeit bedeutet weniger Lohn, geringere Aufstiegschancen, geringere Rentenansprüche – und oft ein Leben lang geringere Selbstständigkeit.

Mental Load & Care-Gap

Der »zweite Job« zu Hause bleibt unsichtbar: Kinderarzttermine, Schulorganisation, Einkäufe, Geburtstage, Pflege. Laut einer Allensbach-Studie (2023) übernehmen Frauen **zwei Drittel aller unbezahlten Sorgearbeit** – auch dann, wenn beide berufstätig sind. Diese »unsichtbare Schichtarbeit« verhindert Erholung, Weiterbildung und oft auch Karrierefortschritt.

Rechtliche Folgen – und wie man sie abmildern kann

Das Familienrecht erkennt diese strukturellen Ungleichheiten nur begrenzt an. Der **Zugewinnausgleich (§ 1373 ff. BGB)** teilt Vermögen am Ende der Ehe, aber nicht entgangene Chancen. Der **Betreuungsunterhalt (§ 1570 BGB)** ist befristet, und Rentenausgleich (§ 1587 ff. BGB) betrifft nur Anwartschaften, nicht verlorene Karrieren.

Praktische Möglichkeiten für Paare:

1. **Care-Bonus-Klausel** im Ehevertrag:
   Für jedes Jahr reduzierter Erwerbstätigkeit wegen Kinderbetreuung wird eine Ausgleichszahlung oder zusätzliche Renteneinzahlung vereinbart.
2. **Renten-Top-up:**
   Der arbeitende Partner zahlt monatlich einen Beitrag auf die private Altersvorsorge des betreuenden Partners.

3. **Miteigentum an Immobilien:**
Wenn ein Partner die Kredite trägt, aber der andere durch Care-Arbeit entlastet, wird hälftige Eintragung im Grundbuch oder Abfindung vereinbart.

4. **Elternzeit-Vertrag:**
Vor Geburt des Kindes schriftlich festlegen: Dauer, Verteilung, Wiedereinstieg, Ausgleichszahlung.

»

Julia & Tobias

Julia (Journalistin) und **Tobias** (Ingenieur) wollten alles gleichberechtigt machen. Dann kam Emma. Julia ging ein Jahr in Elternzeit, Tobias zwei Monate. Danach arbeitete sie 25 Stunden, er blieb in Vollzeit.

Nach fünf Jahren:

- Julias Einkommen lag 35 % unter dem Vorkind-Niveau.
- Tobias bekam eine Beförderung.
- Julias Rentenlücke: bereits 150 € pro Monat.

Beide waren überrascht, wie schnell sich das Gleichgewicht verschoben hatte – ohne bewusste Entscheidung.

Heute sagen sie: »Wir hätten das vorher regeln sollen.«

Ein klarer Vertrag hätte ihnen geholfen – nicht, weil sie sich misstrauten, sondern weil sie sich vertrauten.

Merke: Elternbilanz – Rechnet euch fair

Ein einfacher Rechenweg, um zu prüfen, ob Care-Arbeit und Einkommen ausgewogen verteilt sind:

$$\text{Care-Index} = \frac{\text{Stunden unbezahlte Arbeit}}{\text{Stunden bezahlte Arbeit}} \times 100$$

Beispiel:

- Sie arbeitet 25 Stunden bezahlt + 30 unbezahlt
- Er arbeitet 40 bezahlt + 10 unbezahlt

→ Care-Index: 30 / 25 = 1,2

→ Er: 10 / 40 = 0,25

Je näher die Werte beieinanderliegen, desto gerechter ist die Verteilung.

Empfehlung:

Einmal jährlich aktualisieren – zum Beispiel zum Hochzeitstag oder Jahresgespräch.

Politischer Blick: Warum es mehr braucht als individuelle Lösungen

Paare können viel privat regeln, aber sie allein tragen nicht die strukturelle Last.

Es braucht auch politische Reformen:

- Abschaffung oder Reform des Ehegattensplittings
- Ausbau bezahlbarer Kinderbetreuung
- Teilzeitmodelle für Führungskräfte
- Rentenpunkte für Pflege- und Sorgezeiten über drei Jahre hinaus

Erst dann wird Gleichberechtigung nicht nur zur Privatsache, sondern zur gesellschaftlichen Verantwortung.

Kinder verändern alles – aber sie dürfen nicht Ungleichheit schaffen

Elternschaft sollte kein Armutsrisiko sein – weder für Mütter noch für Väter.

Wer Familie gründet, leistet einen gesellschaftlichen Beitrag, der rechtlich, ökonomisch und emotional anerkannt werden muss.

Gleichberechtigung in der Elternschaft bedeutet:

- gleiche Chancen,
- gleiche Wertschätzung,
- gleiche Absicherung.

Denn Kinder brauchen keine Eltern, die sich aufopfern – sie brauchen Eltern, die sich gegenseitig tragen. Ein Kind kostet Geld, Zeit und Schlaf – aber es sollte nie die Gleichberechtigung kosten.

1.2.2 Mental Load – Die unsichtbare Arbeit

Was Mental Load bedeutet

Mental Load beschreibt den unsichtbaren Planungs- und Organisationsaufwand, der oft an einer Person (meist der Frau) hängen bleibt:

- Kinderarzttermine vereinbaren
- Geschenke für Geburtstage besorgen
- Wäsche organisieren
- Urlaube planen

Diese Arbeit ist ständig präsent, wird aber selten gesehen oder wertgeschätzt.

Die Auswirkungen auf Beziehung und Gesundheit

Mental Load führt zu Dauerstress und Überlastung.

- Ständige Verantwortung ohne klare Anerkennung
- Gefühl, »immer zuständig« zu sein
- Partnerschaften geraten aus dem Gleichgewicht, weil der eine denkt, er helfe »nur mit«, während der andere die volle Verantwortung trägt.

Warum Mental Load ein finanzielles Thema ist

Auch wenn Mental Load nicht bezahlt wird, hat er wirtschaftlichen Wert:

- Er bindet Zeit, die nicht in bezahlte Arbeit investiert werden kann.
- Er führt oft indirekt dazu, dass Frauen ihre Erwerbsarbeit reduzieren – und somit weniger verdienen und Rentenpunkte aufbauen.

1.2.3 Finanzielle Abhängigkeit – das unsichtbare Risiko

Wenn Liebe blind macht

Viele Paare denken nicht darüber nach, wer wofür finanziell verantwortlich ist.

- Gemeinsame Konten ohne klare Absprachen
- Einer verdient, der andere »kümmert sich«

Solange die Beziehung stabil ist, funktioniert das oft. Doch im Ernstfall wird sichtbar, wie einseitig die Abhängigkeit ist.

Die unterschätzte Gefahr bei Trennung, Krankheit oder Tod

Finanzielle Abhängigkeit zeigt ihre Härte besonders in Krisen:

- Plötzliche Trennung
- Krankheit oder Arbeitsunfähigkeit des Hauptverdieners
- Tod des Partners ohne Testament oder Vorsorgevollmacht

Wer nicht rechtlich abgesichert ist, steht oft ohne Einkommen und ohne Zugriff auf Vermögen da.

Machtungleichgewichte im Alltag

Finanzielle Abhängigkeit kann auch im Alltag subtile Dynamiken erzeugen:

- Wer das Geld verdient, bestimmt häufig über Ausgaben.
- Der andere Partner fühlt sich weniger berechtigt, Wünsche oder Forderungen zu äußern.
- Ungleichgewicht in Entscheidungen (»Ich verdiene das Geld, also habe ich das letzte Wort.«).

» Lisa und Tom ziehen zusammen. Tom verdient doppelt so viel, beide zahlen »Pi mal Daumen« in die Haushaltskasse. Nach zwei Jahren merkt Lisa: Sie zahlt mehr ein, obwohl ihr Einkommen viel niedriger ist.

Reflexionsfragen:

- Haben wir einen klaren Plan, wer wie viel in die Haushaltskasse einzahlt?
- Ist unser System fair – oder trägt einer überproportional die Last?

Haben wir über Altersvorsorge gesprochen?

Drei Modelle für Paarkonten:

1. Gemeinsames Konto für alles.
2. »Drei-Konten-Modell« (jeder ein eigenes + ein Gemeinschaftskonto).
3. Alles getrennt, klare Aufteilung der Ausgaben.

1.2.4 Selbsttest: Wie fair ist unsere Arbeitsteilung?

Anleitung:

Beantwortet jede Frage mit **Ja, Nein** oder **zum Teil/Unklar.**

Macht den Test am besten **separat** und vergleicht danach eure Antworten.

Je ehrlicher ihr seid, desto hilfreicher ist das Ergebnis.

Teil 1 – Finanzen & Einkommen	
1.	Wissen wir beide genau, wie hoch unser jeweiliges Einkommen ist – inklusive Boni, Sonderzahlungen oder Nebenverdiensten?
2.	Haben wir ein System, wie wir gemeinsam Haushaltskosten tragen (z.B. 50/50, prozentual nach Einkommen)?
3.	Haben wir regelmäßig Gespräche über unsere Finanzen, Ziele und Altersvorsorge?
4.	Weiß ich, wie viele Rentenpunkte ich bisher gesammelt habe – und wie hoch meine gesetzliche Rente ungefähr ausfallen wird?
5.	Würde ich im Falle einer Trennung finanziell für mindestens sechs Monate unabhängig überleben können?
Teil 2 – Care-Arbeit & Mental Load	
6.	Ist klar geregelt, wer welche Aufgaben im Haushalt, mit den Kindern und in der Familienorganisation übernimmt?
7.	Habe ich das Gefühl, dass mein Anteil an Care-Arbeit fair zu dem passt, was mein Partner/meine Partnerin leistet?
8.	Fühle ich mich gut mit unserer Aufteilung für Termine, Planung und Organisation (z.B. Kinderarzt, Geburtstagsgeschenke, Urlaubsplanung)?
9.	Habe ich alle beruflichen Chancen (z.B. Beförderung, Weiterbildung) nutzen können, die sich ergeben haben, während ich mich um Familie und Haushalt kümmere?
10.	Haben wir eine Vereinbarung, wie Care-Arbeit bei uns finanziell anerkannt oder ausgeglichen wird (z.B. Renten-Top-up, Abfindung im Ehevertrag)?

Teil 3 – Absicherung & Unabhängigkeit	
11.	Haben wir klare Regelungen, wem welche Vermögenswerte gehören (z.B. Haus, Depot, Auto)?
12.	Wissen wir beide, was rechtlich passieren würde, wenn einer von uns stirbt oder wir uns trennen?
13.	Haben wir ein Testament oder eine Vorsorgevollmacht erstellt?
14.	Kann ich ohne Zustimmung meines Partners frei über mein eigenes Geld verfügen?
15.	Fühle ich mich in wichtigen Entscheidungen gleichberechtigt – auch wenn ich weniger oder gar kein Geld verdiene?

Auswertung

- **12–15 × »Ja«:**

  Ihr lebt bereits sehr fair und transparent.

  Kleine Punkte können noch optimiert werden, aber eure Basis ist stark.

- **8–11 × »Ja«:**

  Ihr seid auf einem guten Weg, habt aber noch Baustellen.

  Sprecht gezielt über die Punkte, bei denen Uneinigkeit besteht.

- **4–7 × »Ja«:**

  Achtung – hier gibt es ein deutliches Ungleichgewicht.

  Ihr solltet dringend eure Strukturen und Absprachen überprüfen.

- **0–3 × »Ja«:**

  Ihr lebt in einer massiven Schieflage.

  Es besteht ein hohes Risiko von finanzieller Abhängigkeit und unbewussten Machtungleichgewichten.

  Holt euch unbedingt fachliche Unterstützung (Anwältin, Finanzberaterin).

Vergleicht eure Antworten miteinander. Sprecht offen über Unterschiede und darüber, wie ihr zu einer **gerechteren Aufteilung** kommen könnt. Markiert drei Punkte, die ihr sofort angehen wollt – zum Beispiel Renteninformation einholen, Care-Arbeitsplan erstellen, gemeinsame Finanz-Check-Session einführen.

1.3 Warum finanzielle Unabhängigkeit auch in der Beziehung sexy ist

Finanzielle Freiheit bedeutet nicht »Ich vertraue dir nicht«, sondern: »Ich bleibe bei dir, weil ich will – nicht, weil ich muss.«

Gleichberechtigung zeigt sich nicht in Liebesbekundungen, sondern darin, ob beide Partner eigenständig über ihr Geld verfügen können, ob beide für die Zukunft vorsorgen und ob keiner ohne den anderen »aufgeschmissen« wäre. Und Hand aufs Herz: Es gibt kaum etwas Attraktiveres als einen Partner, der oder die sagt: »Ich möchte, dass du genauso abgesichert bist wie ich. Lass uns das fair regeln.«

Finanzielle Freiheit bedeutet:

»Ich bleibe bei dir, weil ich will – nicht, weil ich muss.«

Finanzielle Unabhängigkeit in der Partnerschaft hat nichts mit Misstrauen zu tun.

Sie ist die Basis für Augenhöhe und echte Wahlfreiheit.

Gleichberechtigung zeigt sich nicht in romantischen Worten, sondern daran:

- ob **beide** eigenständig über ihr Geld verfügen können,
- ob **beide** für die Zukunft vorsorgen,
- ob **keiner** ohne den anderen finanziell »aufgeschmissen« wäre.

» **Sophie & Leon**

Sophie bleibt nach der Geburt ihres Kindes ein Jahr zu Hause.

Statt dass sie »einfach aussetzt«, zahlen die beiden einen monatlichen Care-Bonus von **250 €** in Sophies private Altersvorsorge ein. So wird ihre Care-Arbeit nicht nur emotional, sondern auch **finanziell anerkannt.** *»Deine Arbeit ist genauso wertvoll wie meine – auch wenn sie nicht auf dem Gehaltszettel steht.«*

Drei Schritte für mehr Fairness

1. **Finanzgespräch einführen:**

   Einmal im Monat gemeinsam die Konten durchgehen – ohne Vorwürfe, nur mit Transparenz.
2. **Rentencheck machen:**

   Renteninformationen beider Partner prüfen und gemeinsam über private Vorsorge sprechen.
3. **Notfall-Ordner anlegen:**

   Testament, Vollmacht, Versicherungen und wichtige Dokumente an einem sicheren Ort ablegen.

Merke

Das Gesetz erkennt Care-Arbeit nur **indirekt** an – über Renten- und Zugewinnausgleich. Doch diese Mechanismen greifen oft zu spät oder zu oberflächlich. Ein **Ehevertrag mit Care-Klauseln** kann diese Lücke schließen und Sicherheit schaffen, bevor Probleme entstehen.

1.4 Einführung ins Familienrecht als Schutzschild – nicht als Beziehungskiller

Das Familienrecht ist kein kalter Paragrafenblock, der nur für Scheidungsanwälte geschrieben wurde. Es ist vielmehr ein **Schutzsystem.** Der Gesetzgeber weiß: Liebe macht blind für Risiken. Deshalb gibt es Regeln, die im Zweifel für Gerechtigkeit sorgen sollen.

Aber: Diese Regeln sind nicht immer gerecht. Die gesetzliche Zugewinngemeinschaft etwa sieht vor, dass während der Ehe das Vermögen am Ende ausgeglichen wird – aber nur, was bis zur Trennung noch da ist. Verbrachte Jahre in Teilzeit, entgangene Karrierechancen oder der Wert der Care-Arbeit lassen sich damit oft nicht ausgleichen. Deshalb ist es so wichtig, rechtzeitig selbst aktiv zu werden. Ein kluger Ehevertrag oder Partnerschaftsvertrag ist kein Zeichen von Misstrauen, sondern von Respekt und Verantwortung.

Viele Paare spüren sehr genau, dass sie »etwas regeln sollten«, wissen aber nicht, was genau gemeint ist, wenn von Ehevertrag, Partnerschaftsvertrag oder Scheidungsfolgenvereinbarung die Rede ist. Die Begriffe werden häufig durcheinandergeworfen, mit Trennung oder Misstrauen gleichgesetzt oder schlicht verdrängt. Dabei handelt es sich nicht um Eskalationsstufen einer scheiternden Beziehung, sondern um unterschiedliche rechtliche Werkzeuge für verschiedene Lebensphasen. Wer sie kennt, kann bewusst entscheiden, welches Instrument gerade sinnvoll ist und welches nicht.

Ein **Partnerschaftsvertrag** richtet sich an Paare ohne Trauschein. Juristisch betrachtet sind unverheiratete Partner füreinander zunächst rechtlich nicht abgesichert, selbst wenn sie zusammenleben, Kinder großziehen oder gemeinsam investieren. Ohne Vertrag gilt im Zweifel: Eigentum gehört dem, der es bezahlt hat oder in dessen Namen es läuft. Care-Arbeit, Haushaltsorganisation oder beruflicher Verzicht finden rechtlich keine automatische Anerkennung. Ein Partnerschaftsvertrag schafft hier Klarheit. Er kann regeln, wie laufende Kosten getragen werden, wem gemeinsame Anschaffungen gehören, wie mit Immobilien oder Krediten umgegangen wird und was im Fall einer Trennung passiert. Gerade weil unverheiratete Paare keinen gesetzlichen Schutz durch das Familienrecht genießen, ist eine solche Vereinbarung oft besonders wichtig. Sie ist kein Ersatz für Vertrauen, sondern dessen rechtliche Übersetzung.

Der **Ehevertrag** greift vor oder während der Ehe. Er ist kein Dokument für den Krisenfall, sondern ein Gestaltungsinstrument in stabilen Zeiten. Während das Gesetz für alle Ehepaare dieselben Regeln vorsieht, erlaubt der Ehevertrag, diese Regeln an die individuelle Lebensrealität anzupassen. Paare können festlegen, wie Vermögen verteilt wird, wie mit Immobilien oder Unternehmen umgegangen werden soll, wie Care-Arbeit ausgeglichen wird und welche Absicherung im Trennungsfall gelten soll. Gerade weil ein Ehevertrag idealerweise geschlossen wird, solange beide Partner emotional und wirtschaftlich auf Augenhöhe sind, ist er häufig besonders fair. Er wirkt präventiv und schafft Sicherheit nicht erst dann, wenn es bereits schwierig geworden ist.

Kommt es zu einer Trennung, ohne dass die Ehe bereits geschieden ist, kann eine **Trennungsvereinbarung** sinnvoll sein. Diese regelt die Übergangsphase zwischen Trennung und Scheidung, die rechtlich oft besonders unklar ist. In dieser Zeit stellen sich viele praktische Fragen:

- Wer bleibt in der gemeinsamen Wohnung?
- Wer trägt welche Kosten?
- Wie werden Unterhaltszahlungen geregelt?
- Was passiert mit gemeinsamen Konten, dem Auto oder dem Hausrat?

Eine Trennungsvereinbarung sorgt dafür, dass diese Fragen nicht im Streit, sondern strukturiert geklärt werden. Sie schafft Ordnung in einer emotional herausfordernden Phase und verhindert, dass Unsicherheit zu rechtlichen oder finanziellen Nachteilen führt.

Die **Scheidungsfolgenvereinbarung** schließlich ist das Instrument für den Abschluss. Sie wird im Zusammenhang mit der Scheidung geschlossen und regelt abschließend, welche rechtlichen und wirtschaftlichen Folgen die Trennung hat. Dazu gehören

- die Vermögensaufteilung,
- der Zugewinnausgleich,
- Unterhaltsfragen,
- der Versorgungsausgleich sowie
- der Umgang mit Immobilien, Schulden und größeren Vermögenswerten.

Eine gut ausgearbeitete Scheidungsfolgenvereinbarung ersetzt häufig langwierige gerichtliche Auseinandersetzungen. Viele Paare berichten rückblickend, dass nicht die Scheidung selbst das Belastende war, sondern der Konflikt über ihre Folgen. Eine klare Vereinbarung kann diesen Konflikt beenden.

Allen diesen Vereinbarungen ist eines gemeinsam: Sie sind keine Misstrauensbeweise. Sie sagen nicht, dass man mit dem Scheitern rechnet, sondern dass man Verantwortung übernimmt – füreinander, für gemeinsam Getragenes und für das eigene wirtschaftliche Fundament. Rechtliche Klarheit macht Liebe nicht kleiner. Sie schützt sie dort, wo Gefühle allein nicht ausreichen.

Er sagt: *»Ich sehe deine Arbeit. Ich will, dass du abgesichert bist. Ich will, dass wir beide stark sind – auch wenn das Leben anders spielt, als wir es geplant haben.«*

Rechtliche Grundlagen – was das Gesetz wirklich regelt (und was nicht)

Wer heiratet, schließt nicht nur ein romantisches Bündnis, sondern auch einen rechtlichen Vertrag – selbst dann, wenn nie ein Wort darüber verloren wird. Der Startpunkt ist die **Zugewinngemeinschaft:** Sie gilt automatisch, wenn kein anderer Güterstand vereinbart wurde.

Ihr Kern ist schnell erklärt: Während der Ehe bleibt grundsätzlich jeder Eigentümer dessen, was auf seinen Namen erworben wird. Ein Sofa, das gemeinsam ausgesucht wurde, gehört rechtlich nicht »automatisch beiden« – entscheidend ist, wer es bezahlt hat oder wem es zugeordnet ist. Die Zugewinngemeinschaft greift erst **am Ende** der Ehe, also bei Scheidung oder Tod. Dann werden Anfangs- und Endvermögen beider Ehepartner gegenübergestellt; die Differenz – der »Zugewinn« – wird zwischen den Vermögen ausgeglichen. Geteilt wird also nicht »alles«, sondern die **Vermögenssteigerung,** die bis zum **Stichtag noch vorhanden** ist. Was verbraucht, verschenkt oder verzockt wurde, ist häufig verloren – genau hier liegen in der Praxis die Gerechtigkeitslücken.

Wer diese Standardregel nicht möchte oder an die eigene Lebenswirklichkeit anpassen will, kann einen **Ehevertrag** schließen. Möglich ist etwa eine **modifizierte Zugewinngemeinschaft,** bei der bestimmte Vermögenswerte (z.B. ein Unternehmen oder Vorerbschaften) ausgenommen werden oder bei der zusätzliche Ausgleichsmechanismen vereinbart sind, um Care-Arbeit finanziell zu würdigen.

Daneben gibt es die **Gütertrennung:** Sie vermeidet jeden Zugewinnausgleich – sinnvoll, wenn zwei wirtschaftlich völlig unabhängige Karrieren aufeinandertreffen und niemand den anderen »mitziehen« möchte. Für den weniger verdienenden oder den Care-Partner kann sie aber hart sein. Insbesondere bei Kindern ist die Gütertrennung nicht empfehlenswert und wird ebenfalls gerichtlich oft als sittenwidrig angesehen.

Die **Gütergemeinschaft** – oft romantisch klingend – ist heute selten, weil sie auch Risiken und Schulden gemeinschaftlich bindet. Die Gütergemeinschaft ist einer der drei gesetzlichen Güterstände im deutschen Familienrecht, wird in der Praxis jedoch nur noch selten gewählt. Ihr Kern unterscheidet sich grundlegend von der Zugewinngemeinschaft und der Gütertrennung. Während dort das Vermögen der Ehepartner grundsätzlich getrennt bleibt, entsteht bei der Gütergemeinschaft ein gemeinsames Vermögen, das sogenannte Gesamtgut.

Mit Abschluss eines Ehevertrags, in dem Gütergemeinschaft vereinbart wird, fließt das Vermögen beider Ehepartner grundsätzlich in dieses Gesamtgut ein. Alles, was vor der Ehe vorhanden war und alles, was während der Ehe erworben wird, gehört dann beiden Ehepartnern gemeinsam. Dieses Gesamtgut steht nicht anteilig zur freien Verfügung, sondern wird gemeinschaftlich verwaltet. Das bedeutet: Weder der eine noch der andere Ehepartner kann allein über wesentliche Vermögenswerte verfügen. Größere Entscheidungen etwa der Verkauf einer Immobilie oder die Belastung mit einer Grundschuld müssen gemeinsam getroffen werden.

Rechtlich bedeutet die Gütergemeinschaft also eine sehr enge wirtschaftliche Verflechtung. Sie setzt ein hohes Maß an Vertrauen, Transparenz und gemeinsamer Entscheidungsfähigkeit voraus. In der Theorie wirkt dieses Modell besonders partnerschaftlich, weil es keinen Unterschied mehr zwischen »deinem« und »meinem« Vermögen gibt. In der Praxis birgt genau das erhebliche Risiken.

Ein zentrales Problem der Gütergemeinschaft liegt in der Haftung. Schulden eines Ehepartners können unter bestimmten Voraussetzungen das gesamte Gesamtgut betreffen. Wer selbstständig ist, unternehmerische Risiken eingeht oder haftungsträchtige Geschäfte tätigt, setzt damit nicht nur sein eigenes Vermögen, sondern auch das gemeinsame Vermögen der Ehe aufs Spiel. Deshalb ist die Gütergemeinschaft für Unternehmerinnen und Unternehmer oder Freiberuflerinnen und Freiberufler in aller Regel nicht empfehlenswert.

Hinzu kommt die mangelnde Flexibilität im Alltag. Da das Gesamtgut gemeinsam verwaltet wird, können alltägliche wirtschaftliche Entscheidungen kompliziert werden. Selbst bei gut funktionierenden Beziehungen kann es zu Blockaden kommen, wenn unterschiedliche Vorstellungen über Investitionen, Ausgaben oder Vermögensverwaltung bestehen. Trennungen gestalten sich unter der Gütergemeinschaft zudem häufig komplexer als unter anderen Güterständen, da das Gesamtgut zunächst auseinandergesetzt werden muss. Dieser Vorgang ist rechtlich anspruchsvoll, zeitaufwendig und konfliktanfällig.

Tatsächlich wird die Gütergemeinschaft heute meist nur noch in sehr speziellen Konstellationen gewählt, etwa wenn Ehepartner bewusst alles wirtschaftlich vollständig teilen möchten und keine nennenswerten Haftungsrisiken bestehen. In der Beratungspraxis zeigt sich jedoch, dass viele Paare die rechtlichen Folgen unterschätzen. Die Vorstellung »Dann gehört alles uns beiden« klingt zunächst fair, blendet aber aus, dass gemeinsames Eigentum auch gemeinsame Verantwortung und gemeinsames Risiko bedeutet.

Die Gütergemeinschaft ist daher kein romantisches Ideal, sondern ein **rechtlich stark bindendes Modell** mit **weitreichenden Konsequenzen.** Wer sie in Betracht zieht, sollte sich der tatsächlichen Bedeutung bewusst sein und sie nur nach sorgfältiger anwaltlicher und notarieller Beratung vereinbaren.

Parallel zum Vermögensausgleich existieren zwei weitere große Säulen: **Unterhalt und Versorgungsausgleich. Kindesunterhalt** ist nicht disponibel: Kinder haben einen gesetzlichen Anspruch auf Unterhalt, unabhängig davon, wie Eltern miteinander klarkommen. Die Höhe richtet sich nach Einkommensgruppen und wird in der Praxis nach Leitlinien (Düsseldorfer Tabelle) bestimmt.

Ehegattenunterhalt ist differenzierter. Während der Trennung kann es Trennungsunterhalt geben; nach der Scheidung kommt nachehelicher Unterhalt in Betracht, wenn und soweit Bedarf, Leistungsfähigkeit und **ehebedingte Nachteile** vorliegen – also Nachteile, die gerade aus der gemeinsamen Rollenverteilung entstanden sind (etwa durch Teilzeit, Karrierepausen, lange Kinderbetreuung). Dieser Unterhalt ist häufig **befristet** und soll den Weg in die Eigenständigkeit öffnen, nicht eine Dauerfinanzierung sichern.

Der **Versorgungsausgleich** ist das Rententhema. Alles, was an Anrechten auf Altersversorgung während der Ehe erworben wurde – gesetzlich, betrieblich, privat im Sinne rentenähnlicher Anrechte –, wird grundsätzlich hälftig geteilt. Das klingt fair, schließt aber Lücken nicht vollständig: Private Vermögensbildung außerhalb rentenrechtlicher Anrechte (Depot, Immobilie, Cash) wird nicht über den

Versorgungsausgleich geteilt, sondern fällt – sofern vorhanden – in den Zugewinnausgleich. Genau deshalb genügt das gesetzliche Paket oft nicht, um **Care-Arbeit** gerecht abzubilden: Der Staat sieht Rentenpunkte und Kontostände, aber nicht die unsichtbare Arbeit hinter den Zahlen.

Wo Kinder sind, stehen **Sorgerecht und Umgang** unter dem Leitbild des **Kindeswohls.** Auch hier gilt: Vieles lässt sich einvernehmlich regeln; wo es Streit gibt, ordnen Gerichte pragmatische, am Kindeswohl orientierte Lösungen an. Vertragsklauseln, die Sorgerecht »festzurren« oder Kindesunterhalt ausschließen, sind unwirksam. Paare können jedoch **Verfahrenswege** vereinbaren – etwa eine Mediation, bevor man vor Gericht zieht. Das entlastet Kinder und spart oft Geld und Nerven. Auch empfiehlt es sich, hinsichtlich der Kinder entsprechende vertragliche Absichtserklärungen aufzunehmen. Diese sind unter dem Aspekt des Kindeswohls nicht immer rechtlich haltbar, erinnern den einen oder anderen jedoch im Streitfall an die »Einigkeit«, die einmal bestand.

Wesentlich ist das Verständnis der **Stichtage und Nachweise.** Für den Zugewinnausgleich zählen die Vermögensstände **bei Eheschließung** (Anfangsvermögen) und **bei Zustellung des Scheidungsantrags** (Endvermögen). Wer seine Stände nicht belegen kann, schwächt die eigene Position. Saubere Dokumentation – Kontoauszüge, Depotauszüge, Immobilienwerte, Schulden – ist daher Gold wert. Ebenso wichtig: **Grundbuch schlägt Gefühl.** Wer nicht im Grundbuch steht, ist nicht Eigentümer, auch wenn zehn Jahre »gemeinsam abbezahlt« wurden – es sei denn, es gibt klare Vereinbarungen oder durchsetzbare Ausgleichsansprüche.

Ein modernes Schutzkonzept verbindet Gesetz und Gestaltung: Das Gesetz liefert ein **Sicherheitsnetz;** der **Ehe- oder Partnerschaftsvertrag** ergänzt, wo das Netz Löcher hat. Sinnvolle Bausteine sind zum Beispiel eine **Care-Bonus-Klausel** (jährliche Einzahlungen in die Altersvorsorge des Care-Partners), **Immobilien-Gerechtigkeit** (hälftiger Grundbucheintrag oder klare Abfindungsformel),

Karriereausgleich (Abfindung gestaffelt nach Jahren der Teilzeit) und eine **Exit-Strategie** (verbindliche Mediation, Stufenpläne statt endloser Streit). Für unverheiratete Paare fängt Fairness bei **Partnerschaftsverträgen** an: Regelungen zu Miete, Eigentum an Hausrat, Einbauten, Sparplänen, gemeinsamer Immobilie sowie **Testament** und **Vorsorgevollmachten** (weil ohne Ehe rechtlich vieles nicht automatisch greift).

Kurz gesagt: Das Familienrecht **killt** Beziehungen nicht – es stabilisiert sie, wenn es klug genutzt wird. Wer sich allein auf Standardregeln verlässt, riskiert blinde Flecken. Wer rechtzeitig gestaltet, schafft **Augenhöhe, Planbarkeit und Freiheit:** Ich bleibe, weil ich will – nicht, weil ich muss.

Achtung: Sobald man standesamtlich verheiratet ist, kann nur ein notariell beurkundeter Ehevertrag abweichende rechtliche Regelungen schaffen. Ohne Eheschließung kann man dies auch über einen sogenannten Partnerschaftsvertrag regeln, welcher nicht notariell beurkundet sein muss.

Entgegen des weitverbreiteten Irrglaubens kann ein Ehevertrag auch nach der Eheschließung zu jeder Zeit geschlossen werden. Nach der Trennung und vor der Scheidung heißt dieser jedoch Scheidungsfolgenvereinbarung.

---

2 Mythos Romantik vs. Realität Recht

Wieso Eheverträge nichts mit Misstrauen, sondern mit Respekt zu tun haben.

2.1 Die große Liebeslüge: »Wenn wir heiraten, regelt sich alles von selbst«

Heiraten fühlt sich an wie ein Happy End. In Filmen blendet die Kamera nach dem »Ja-Wort« ab – und alle leben glücklich bis ans Lebensende. Was dort nie gezeigt wird: Wer bezahlt die Miete? Wer bleibt beim kranken Kind zu Hause? Wer spart fürs Alter? Und vor allem: Was passiert, wenn die Liebe scheitert? Die Realität ist: **Die Ehe ist nicht nur ein romantisches Versprechen, sondern auch ein rechtlicher Vertrag.** Nur spricht darüber kaum jemand. Viele Paare glauben, das Gesetz werde »schon fair sein«. Aber Gesetze sind nicht für die individuelle Liebe geschrieben, sondern für den Durchschnittsfall.

Das Unsichtbare hinter dem Ja-Wort

Die Realität ist: Die Ehe ist nicht nur ein romantisches Versprechen, sondern auch ein **rechtlicher Vertrag.** Dieser Vertrag gilt **automatisch,** auch wenn er nie bewusst geschlossen oder besprochen wurde.

Doch darüber reden die wenigsten Paare, denn:

- Viele glauben, »die Liebe« werde alles ausgleichen.
- Man denkt, der Staat werde »schon gerecht« sein.
- Oder man verdrängt das Thema, weil es unromantisch wirkt.

Merke: Gesetze sind nicht für deine persönliche Liebesgeschichte gemacht – sie sind auf den **Durchschnittsfall** zugeschnitten. Und was »durchschnittlich« ist, passt selten perfekt zu den individuellen Lebensmodellen moderner Paare. Insbesondere da viele der Gesetze aus dem 19. Jahrhundert stammen und meist das letzte Mal in den 1950er-Jahren zuletzt überarbeitet wurden.

Das große Missverständnis: Liebe = Fairness

Die Vorstellung, dass Liebe automatisch auch **Gerechtigkeit** erzeugt, ist einer der größten Irrtümer.

»Wir teilen doch sowieso alles.«

»Wir sind uns einig, da brauchen wir nichts Schriftliches.«

Diese Sätze hört man oft – bis ein Konflikt entsteht.

Dann zeigt sich: Gefühle können Entscheidungen überdecken, aber sie schaffen **keine klare Struktur.** Denn Liebe kennt keine Stichtage, keine Belege, keine Paragrafen – das Rechtssystem aber schon.

» **Lena & Tom**

Lena und Tom heiraten jung, beide sind Vollzeit berufstätig.

Nach der Geburt ihres ersten Kindes reduziert Lena ihre Arbeitszeit auf 50 %.

Tom arbeitet weiterhin Vollzeit und macht Karriere.

- **Während der Ehe**
  - Lena kümmert sich um Haushalt, Kinder und Organisation.
  - Tom zahlt den Großteil der Miete, verdient mehr und spart für die gemeinsame Zukunft – allerdings auf seinem eigenen Depot.
- **Trennung nach zwölf Jahren:**
  - Lena hat kaum Ersparnisse und nur halbe Rentenansprüche.
  - Tom besitzt eine Eigentumswohnung und ein gut gefülltes Wertpapierdepot.
  - Lena glaubt, dass »alles hälftig geteilt wird«.

Ergebnis nach geltendem Recht:

- Lena erhält zwar einen Zugewinnausgleich und einen Teil von Toms Rentenpunkten.
- Aber: Viele Leistungen, die Lena eingebracht hat – unbezahlte Care-Arbeit, verpasste Beförderungen, Mental Load –, sind nicht bezifferbar und werden nicht oder nur indirekt berücksichtigt.

Lenas enttäuschter Satz nach dem Scheidungstermin: »Ich dachte, die Ehe würde mich automatisch absichern. Aber am Ende war ich einfach nur naiv.«

Das Standardpaket der Ehe – und seine Lücken

Wenn man ohne Ehevertrag heiratet, erhält man automatisch ein »Standardpaket« des Familienrechts:

Bereich	Was automatisch gilt	Wo die Lücke liegt
Vermögen	Zugewinngemeinschaft: Ausgleich des Zugewinns am Ende der Ehe	Nur vorhandenes Vermögen wird berücksichtigt. Verprasstes Einkommen oder verprasstes Geld fehlen.
Rente	Versorgungsausgleich: Gesetzliche Renten werden hälftig geteilt.	Private Vorsorge, betriebliche Rente oder Wertpapiere nicht automatisch einbezogen
Unterhalt	Kindesunterhalt zwingend, Ehegattenunterhalt möglich	Ehegattenunterhalt meist befristet, nicht dauerhaft
Sorgerecht/ Umgang	Gemeinsames Sorgerecht bei Ehepaaren	Keine individuelle Konfliktregelung, nur Standardlösungen

Warum dieser Irrglaube gefährlich ist

Wer glaubt, »das Gesetz regelt schon alles fair«, riskiert:

1. Finanzielle Abhängigkeit

- Besonders der Partner, der Care-Arbeit übernimmt oder Teilzeit arbeitet, steht im Trennungsfall oft ohne ausreichende Absicherung da.

2. Streit statt Klarheit

- Fehlende Vereinbarungen führen zu Unsicherheit und Konflikten.

3. Schmerzhafte Überraschungen

- Viele Paare erfahren erst im Scheidungsverfahren, dass ihre Vorstellungen nicht der rechtlichen Realität entsprechen.

Der kluge Weg: Liebe + Vertrag

Einen Ehevertrag oder Partnerschaftsvertrag zu schließen, ist **kein Misstrauen,** sondern aktiver Selbstschutz. Es bedeutet nicht: »Ich plane schon unsere Trennung.« Sondern: *»Ich will, dass wir beide sicher sind – egal, was kommt.«*

Merke: Seht einen Ehevertrag als Fallschirm. Wenn ihr abstürzt, ist es doch beruhigend zu wissen, dass man aufgefangen wird. Der Fallschirm ist das Minimum des gemeinsamen Nenners. Wenn ihr während der Scheidung beide feststellt, dass ihr es lieber anders machen wollt, dann könnt ihr das natürlich tun. Der Ehevertrag ist nur für den Fall da, dass ihr euch nicht mehr einig werden könnt.

Auch ein Ehevertrag kann jederzeit angepasst und überarbeitet werden.

Echte Liebe bedeutet, Verantwortung zu übernehmen.

Für den Alltag, für das Heute – und auch für ein mögliches Morgen.

Fragen, die jedes Paar vor der Hochzeit stellen sollte

1. Wem gehören Haus, Ersparnisse und Wertpapiere?
2. Wer zahlt wie viel in die Altersvorsorge ein?

3. Was passiert, wenn einer wegen Kinderbetreuung oder Pflege weniger arbeitet?
4. Wie wollen wir im Ernstfall eine Trennung gestalten – friedlich oder kämpferisch?
5. Welche Vereinbarungen würden wir unseren besten Freunden raten?

Wenn ihr diese Fragen nicht klar beantworten könnt, ist es Zeit, aktiv zu werden.

Fazit: Bewusstsein statt Blindflug

Heiraten ist wunderschön – aber keine Garantie für Fairness. Die Ehe gibt euch rechtliche Rahmenbedingungen, aber sie denkt nicht für euch. Nur wer **offen spricht** und **gestaltet,** kann sicher sein, dass Liebe und Gerechtigkeit Hand in Hand gehen.

»Ein kluger Vertrag zerstört keine Romantik – er schafft Raum für Vertrauen und Freiheit.«

2.2 »Ehevertrag? Willst du mir etwa nicht vertrauen?!«

Kaum ein anderes Wort löst so viele Reflexe aus wie Ehevertrag. Sofort steht das Misstrauen im Raum: »Denkst du schon an die Scheidung?« Die Wahrheit ist: Ein Ehevertrag ist keine Kampfansage, sondern eine **Versicherung gegen Ungerechtigkeit.** Wir schließen selbstverständlich Versicherungen für Haus, Auto oder sogar Handys ab. Niemand unterstellt uns deshalb Misstrauen gegenüber der Waschmaschine, wenn wir eine Garantieverlängerung kaufen.

Warum also sollte es weniger romantisch sein, die **Existenzgrundlage der Familie** abzusichern?

Ein Ehevertrag sagt nicht: »Ich rechne mit dem Ende.« Er sagt: »Ich rechne mit dem Leben und will, dass wir beide fair abgesichert sind.«

Viele Menschen reagieren auf das Wort »**Ehevertrag**« instinktiv mit Abwehr. Es klingt hart, unromantisch, vielleicht sogar kalt. Sofort entstehen Bilder von Streit, Trennung und bitteren Gerichtsverfahren. Doch diese Reflexe beruhen oft auf **Missverständnissen und Halbwissen.** Ein Ehevertrag wird immer noch als *Misstrauenserklärung* gesehen – als würde man seinem Partner direkt nach dem Ja-Wort sagen: *»Ich glaube nicht an uns.«*

Und genau hier beginnt das Problem: In unserer Gesellschaft kursieren **zahlreiche Mythen und falsche Vorstellungen,** die verhindern, dass Paare sich frühzeitig und sachlich mit dem Thema beschäftigen. Viele vertrauen blind auf das Gesetz, andere schieben die Entscheidung auf, weil sie Angst haben, den Zauber der Romantik zu zerstören. Dabei ist ein Ehevertrag vor allem eines: **ein Sicherheitsnetz,** das im besten Fall nie gebraucht wird – aber unendlich wertvoll ist, wenn doch einmal etwas schiefgeht.

Im Folgenden findest du die häufigsten Irrtümer rund um Eheverträge – und die klaren **Fakten und Argumente,** die sie widerlegen. Diese Übersicht soll dir helfen, Missverständnisse zu erkennen, Gespräche mit deinem Partner leichter zu führen und die **richtigen Entscheidungen für eure gemeinsame Zukunft** zu treffen.

Irrglaube/Behauptung	Widerlegung/Gegenargument
»Ein Ehevertrag ist ein Zeichen von Misstrauen.«	Ein Ehevertrag bedeutet nicht, dass man an Trennung denkt, sondern dass man Verantwortung übernimmt. Niemand unterstellt Misstrauen, wenn wir eine Krankenversicherung abschließen – warum sollte es bei der Familie anders sein?
»Das Gesetz regelt doch alles fair.«	Gesetze sind auf den Durchschnittsfall zugeschnitten. Moderne Paare mit individuellen Lebensmodellen (Patchwork, Unternehmen, Teilzeitphasen) passen oft nicht in diese Schablone. Ergebnis: Im Trennungsfall entstehen Lücken und Ungerechtigkeiten.
»Ein Ehevertrag ist nur für Reiche und Unternehmer.«	Falsch. Auch bei normalen Einkommen können gemeinsame Immobilien, Care-Arbeit oder Schulden große Konflikte auslösen. Ein Vertrag schützt nicht nur Vermögen, sondern auch die Person, die unbezahlte Arbeit leistet.

»Wir lieben uns – wir brauchen keinen Vertrag.«	Liebe ist wichtig, aber sie ersetzt keine klare Struktur. Gerade wenn alles gut läuft, lassen sich faire Vereinbarungen treffen. Ist die Beziehung erst belastet, wird jede Diskussion schwerer und teurer.
»Ein Ehevertrag ist kompliziert und teuer.«	Im Vergleich zu einem langwierigen Gerichtsverfahren spart ein Ehevertrag Zeit, Nerven und Geld. Kosten sind transparent und kalkulierbar – und stehen in keinem Verhältnis zu einem Rosenkrieg.
»Ein Ehevertrag schützt nur den Besserverdienenden.«	Moderne Eheverträge können **beide Partner** absichern. Sie können Care-Arbeit finanziell anerkennen und Ausgleichsmechanismen schaffen. Ohne Vertrag sind oft gerade die weniger Verdienenden benachteiligt.
»Wir können das später immer noch regeln.«	Später heißt meist: zu spät. Je früher ein Vertrag geschlossen wird, desto fairer und entspannter sind die Gespräche. Bei Konflikten oder kurz vor der Trennung sind die Fronten meist verhärtet.
»Ein Ehevertrag klingt unromantisch.«	Romantik ist nicht das Gegenteil von Planung. Sicherheit schafft Freiraum für Liebe – genauso wie ein stabiles Haus das Fundament für ein gemütliches Zuhause ist.

2.3 Rechtliche Realität: Standardregelung = Risiko

Ohne Ehevertrag lebt man automatisch im Güterstand der Zugewinngemeinschaft. Klingt fair: Was während der Ehe dazukommt, wird geteilt. Doch in der Praxis gibt es Fallstricke:

- Wer unbezahlte Care-Arbeit übernimmt, hat zwar Anspruch auf Zugewinnausgleich – aber nur auf das, was bis zur Trennung *noch vorhanden* ist. Ist das Vermögen »verbraucht«, gibt es nichts zu holen.
- Altersvorsorge- und Rentenlücken sind damit nicht geschlossen.
- Immobilien oder Unternehmen können durch die gesetzliche Regelung in Schieflage geraten.

Kurz: Das Standardmodell schützt nicht automatisch vor Ungerechtigkeit.

Ein zentrales Problem besteht darin, dass der Zugewinnausgleich **nur das Vermögen berücksichtigt, das am Stichtag der Scheidung noch vorhanden ist.** Wurde Vermögen während der Ehe ausgegeben oder für einen bestimmten Lebensstil verbraucht, gibt es nichts auszugleichen.

Das bedeutet: Auch wenn eine Person jahrelang Care-Arbeit übernommen und damit indirekt ermöglicht hat, dass der andere Partner Karriere macht und Vermögen aufbaut, geht sie im Trennungsfall leer aus, wenn am Ende kein Vermögen mehr übrig ist. Teure Anschaffungen, riskante Investments oder einfach ein sehr hoher Lebensstandard können also dazu führen, dass sich die ganze Mühe nicht auszahlt.

Nur in Ausnahmefällen, etwa bei **illoyalen Vermögensminderungen kurz vor der Trennung,** kann das Gesetz korrigierend eingreifen – diese Fälle sind jedoch schwierig zu beweisen. Besonders hart trifft diese Regelung den Partner, der **unbezahlte Care-Arbeit** leistet. Hausarbeit, Kinderbetreuung und Mental Load tauchen im Gesetz **nicht als eigener Wert** auf.

Sie werden nur indirekt berücksichtigt – und auch das nur, wenn der andere Partner dadurch tatsächlich Vermögen bilden konnte, das am Ende noch vorhanden ist. Verpasste Karrierechancen, entgangene Boni oder der Verlust beruflicher Netzwerke bleiben unsichtbar.

Das bedeutet: Die geleistete Arbeit wird gesellschaftlich zwar als wertvoll anerkannt, rechtlich jedoch kaum.

Ein weiteres großes Thema sind **Renten- und Altersvorsorgelücken.** Zwar teilt der Versorgungsausgleich die während der Ehe erworbenen Rentenanwartschaften, allerdings nur die gesetzlichen Rentenpunkte und bestimmte betriebliche Versorgungen. Private Vorsorge wie Wertpapierdepots, Immobilien oder andere Sparanlagen fallen nicht darunter. Wer viele Jahre in Teilzeit gearbeitet hat oder ganz aus dem Job ausgestiegen ist, hat trotz Versorgungsausgleich oft eine **dauerhafte Versorgungslücke,** die im Alter zu finanzieller Abhängigkeit führt.

Auch bei **Immobilien** zeigt sich die Grenze der gesetzlichen Regelung. Steht nur eine Person im **Grundbuch,** gehört die Immobilie auch allein dieser Person – unabhängig davon, ob der andere Partner durch Care-Arbeit, Gehaltsverzicht oder sonstige Leistungen indirekt mitfinanziert hat. Das kann zu erheblichen Ungerechtigkeiten führen, vor allem wenn das Haus das zentrale Vermögen der Familie darstellt. In der Praxis ist es leider zudem häufig so, dass zwar beide Ehepartner im Darlehensvertrag stehen, aber nur einer im Grundbuch.

Hinzu kommt, dass der Zugewinnausgleich nur einen **Geldanspruch** darstellt. Das bedeutet: Derjenige, der Vermögen vor allem in Form einer Immobilie hat, muss unter Umständen hohe Ausgleichszahlungen leisten, ohne flüssige Mittel zu besitzen. So entstehen Liquiditätsprobleme, die im schlimmsten Fall zum Verkauf des Familienheims führen.

Besonders komplex wird es, wenn **Unternehmen** im Spiel sind. Ein Betrieb zählt beim Zugewinnausgleich zum Vermögen – auch immaterielle Werte wie Marken, Kundenstämme oder »Goodwill«. Dadurch kann ein hoher Ausgleichsanspruch entstehen, der den Unternehmer zwingt, Liquidität zu schaffen, wo eigentlich keine vorhanden ist. Im schlimmsten Fall kann das Unternehmen in Schieflage geraten oder sogar verkauft werden, nur um den Zugewinnausgleich zu bedienen. Das zeigt, dass die gesetzliche Regelung gerade in modernen Konstellationen schnell an ihre Grenzen stößt.

Ein weiteres praktisches Problem sind **Stichtage und Beweise.** Für den Zugewinnausgleich werden Anfangsvermögen (zum Zeitpunkt der Eheschließung) und Endvermögen (zum Zeitpunkt der Zustellung des Scheidungsantrags) gegenübergestellt. Wer seine Vermögensstände nicht belegen kann, läuft Gefahr, dass sein Anfangsvermögen zu niedrig angesetzt wird oder sein Endvermögen zu hoch. Das kann teuer werden. Besonders wichtig ist das bei **Erbschaften und Schenkungen,** die zwar als privilegiertes Anfangsvermögen gelten, aber nur dann berücksichtigt werden, wenn sie nachweisbar dokumentiert sind. Fehlen die Belege, werden diese Beträge so behandelt, als hätten sie nie existiert. Beim **privilegierten Anfangsvermögen** handelt es sich um Vermögen, welches während der Ehe durch Erbschaft oder Schenkung hinzugekommen ist. Dieses als solches zählt nicht zum Zugewinnausgleich **(Achtung:** Die entsprechende Wertsteigerung schon). Um es dennoch rechnerisch abzubilden wird das privilegierte Anfangsvermögen dem Anfangs- und nicht dem Endvermögen zugerechnet.

Auch **Schulden** und **negative Zugewinne** können zu Überraschungen führen. Schulden mindern das Vermögen, was in manchen Fällen dazu führt, dass eine Person, die viel investiert hat (etwa in eine Weiterbildung oder in ein Unternehmen), am Ende »schlechter« dasteht als gedacht. Gleichzeitig gibt es keinen negativen Ausgleich: Hat ein Partner weniger Vermögen als zu Beginn, wird dieser Verlust nicht hälftig geteilt. All diese Faktoren zeigen: Die Zugewinngemeinschaft funktioniert gut, wenn beide Partner in Vollzeit arbeiten, in etwa gleich verdienen und regelmäßig sparen. Sobald jedoch Kinder, Care-Arbeit, Immobilien oder Unternehmen ins Spiel kommen, entstehen **Gerechtigkeitslücken.**

Der Partner, der beruflich zurücksteckt, bleibt häufig mit Versorgungslücken zurück, während der Partner mit Vermögen Liquiditätsprobleme bekommen kann. Das Gesetz sieht solche individuellen Konstellationen nicht vor – es arbeitet mit Standards, nicht mit Maßanfertigung. Ein Ehevertrag kann diese Schwachstellen ausgleichen, indem er individuelle Lösungen schafft. So können Care-Leistungen sichtbar gemacht werden, Immobilien fair geregelt werden und Unternehmen vor Zerschlagung geschützt werden.

Wer sich auf das Standardmodell verlässt, vertraut darauf, dass seine persönliche Lebenssituation zufällig zur gesetzlichen Schablone passt. In der Realität ist das jedoch selten der Fall – und genau deshalb ist es so wichtig, rechtzeitig selbst aktiv zu werden.

Mini-Checkliste

- Stehen **beide** bei der Immobilie im **Grundbuch** – oder gibt es eine faire Abfindungsklausel?
- Gibt es einen **Care-Ausgleich** (Renten-Top-up/Abfindung je Jahr Teilzeit)?
- Sind **Unternehmenswerte** im Vertrag geregelt (Deckel, Raten, Ausnahmen)?
- Haben wir unsere **Anfangs- & Endvermögen belegbar** dokumentiert?
- Haben wir eine **Exitstrategie** (Mediation, Zahlpläne), um Liquiditätsstress zu vermeiden?

2.4 Respekt in Verträgen sichtbar machen

Ein Ehevertrag bedeutet, **gegenseitige Erwartungen transparent zu machen.** Es ist ein Ausdruck von Respekt, die Leistungen beider Partner – egal ob finanziell oder in Care-Arbeit – ernst zu nehmen. Wer gemeinsam klare Vereinbarungen trifft, reduziert Konflikte. Streit entsteht meist dort, wo unausgesprochene Erwartungen und unausgeglichene Belastungen aufeinanderprallen. Juristisch festgehaltene Absprachen sind deshalb kein »Plan B«, sondern ein **Plan A für eine starke Partnerschaft.** Ein Ehevertrag ist weit mehr als ein juristisches Dokument, das man für den Fall der Trennung »in der Schublade liegen hat«. Er ist ein Werkzeug, mit dem Paare ihre gemeinsame Lebensplanung aktiv gestalten können – und zwar **bevor** Konflikte entstehen. Im Kern bedeutet ein Ehevertrag, gegenseitige Erwartungen **transparent** zu machen und ehrlich zu besprechen, wie man sich die gemeinsame Zukunft vorstellt. Es ist ein Ausdruck von Respekt, wenn beide Partner die Leistungen des anderen anerkennen – egal, ob es sich um finanziellen Beitrag, berufliche Karriere oder unbezahlte Care-Arbeit handelt.

Oft wird unterschätzt, wie viele unausgesprochene Erwartungen in einer Beziehung mitschwingen.

Wer bleibt zu Hause, wenn das Kind krank ist?

Wer übernimmt die Hauptverantwortung für Haushalt und Organisation?

Wie werden gemeinsame Ersparnisse gebildet, und wem gehören sie?

Diese Fragen werden in vielen Beziehungen nie klar besprochen – solange alles harmonisch läuft, scheint das auch nicht nötig.

Doch genau hier liegt der Ursprung vieler späterer Konflikte: Streit entsteht meist dort, wo **unausgesprochene Erwartungen** auf **unausgeglichene Belastungen** treffen.

Ein Ehevertrag zwingt beide Partner, diese Themen offen anzusprechen und gemeinsam Lösungen zu finden, die **beide Perspektiven berücksichtigen.** Juristisch festgehaltene Absprachen sind deshalb kein »Plan B« für den Worst Case, sondern der eigentliche **Plan A** für eine starke, stabile Partnerschaft. Statt Unsicherheit und Missverständnisse hinzunehmen, schaffen Paare damit **klare Strukturen,** die beiden Sicherheit geben. Diese Sicherheit kann sehr individuell aussehen, denn kein Paar ist gleich – und so sollte auch kein Ehevertrag »von der Stange« sein.

2.5 Individuelle Gestaltungsmöglichkeiten

Ein Ehevertrag kann sehr unterschiedlich ausgestaltet werden, je nachdem, welche Lebensmodelle und Bedürfnisse vorliegen.

Die folgenden Bereiche zeigen, wie vielseitig ein Ehevertrag genutzt werden kann:

1. **Güterstand individuell regeln**

   Statt automatisch in der Zugewinngemeinschaft zu bleiben, können Paare:

   - eine **modifizierte Zugewinngemeinschaft** vereinbaren, bei der bestimmte Werte wie ein Unternehmen ausgenommen werden,
   - **Gütertrennung** festlegen, wenn beide wirtschaftlich komplett unabhängig bleiben möchten,
   - oder Sonderlösungen finden, die Care-Arbeit gezielt absichern.

2. **Care-Arbeit sichtbar machen**

   Unbezahlte Arbeit in Haushalt und Familie kann ausdrücklich **anerkannt** werden, zum Beispiel durch:

   - einen **Care-Bonus,** bei dem der berufstätige Partner monatlich in die private Altersvorsorge des Care-Partners einzahlt,
   - **Ausgleichszahlungen** bei reduzierter Erwerbstätigkeit,
   - oder eine feste Abfindung pro Jahr, in dem ein Partner zugunsten der Familie beruflich zurücksteckt.

3. **Immobilien fair regeln**

   Gerade bei gemeinsamen Immobilien ist Streit vorprogrammiert, wenn nur einer im Grundbuch steht.

   Lösungen können sein:

   - hälftiger Grundbucheintrag,
   - eine Abfindungsklausel, die bei Trennung automatisch greift,
   - oder Nutzungsregelungen für den Übergang nach der Trennung.

4. **Unternehmensschutz**

   Für Unternehmerinnen ist es wichtig, den Betrieb vor Zerschlagung zu schützen.

   - Der Ehevertrag kann den Unternehmenswert ganz oder teilweise vom Zugewinnausgleich ausnehmen,

- Ratenzahlungen für Ausgleichsbeträge vereinbaren,
- und damit verhindern, dass ein funktionierendes Unternehmen im Trennungsfall gefährdet wird.

5. Renten- und Altersvorsorge ausgleichen

Weil der Versorgungsausgleich nicht alle Vorsorgeformen umfasst, kann ein Ehevertrag hier Lücken schließen:

- Vereinbarung gemeinsamer Sparpläne oder zusätzlicher Einzahlungen,
- gerechter Ausgleich von Betriebsrenten, Wertpapierdepots oder Immobilieninvestitionen,
- klare Festlegung, wer wofür einzahlt und wie im Alter abgesichert wird.

6. Exit-Strategie für den Ernstfall

Niemand hofft auf eine Trennung, aber wenn sie doch kommt, hilft eine klare Struktur:

- verpflichtende Mediation, bevor ein Gerichtsverfahren beginnt,
- Stufenpläne für Ausgleichszahlungen,
- Regeln für einen fairen und respektvollen Ausstieg ohne Rosenkrieg.

2.6 Warum das Gespräch wichtiger ist als der Vertrag selbst

Der vielleicht größte Wert eines Ehevertrags liegt nicht im Papier selbst, sondern im **Prozess der gemeinsamen Klärung.** Das Gespräch darüber zwingt beide Partner, ihre Wünsche, Sorgen und Vorstellungen klar zu formulieren. Oft kommen dabei Themen zur Sprache, die sonst jahrelang unausgesprochen geblieben wären. Dieser Dialog kann die Beziehung sogar **stärken,** weil beide das Gefühl haben, gesehen und respektiert zu werden.

Echte Liebe bedeutet nicht, Konflikte zu vermeiden, sondern gemeinsam Strukturen zu schaffen, die beiden Partnern Freiheit und Sicherheit geben. Wer die Mühe auf sich nimmt, gemeinsam einen fairen Vertrag zu gestalten, zeigt damit: *»Ich will nicht nur, dass unsere Beziehung jetzt funktioniert – ich will, dass sie auch in zehn oder zwanzig Jahren tragfähig ist.«* Ein Ehevertrag schafft so die Grundlage für eine **Partnerschaft auf Augenhöhe.** Er ist nicht der Anfang vom Ende, sondern ein starkes Fundament, auf dem Liebe und Fairness wachsen können.

2.7 Liebe + Recht = Stabilität

Stabilität in der Beziehung entsteht nicht nur durch Gefühle, sondern auch durch verlässliche Strukturen. Ein Paar, das sagt: *»Wir vertrauen uns so sehr, dass wir auch das Recht auf unserer Seite haben wollen«*, baut eine Beziehung auf Augenhöhe auf. Der Ehevertrag ist dabei kein Kältefaktor, sondern ein **Wärmeschutz:** Er hält stand, wenn das Leben stürmisch wird, und sorgt dafür, dass beide Partner sich sicher und respektiert fühlen – auch dann, wenn es einmal schwierig werden sollte.

Im Fall von Miriam und Jan wurde das besonders deutlich.

Miriam wünschte sich einen Ehevertrag, doch ihr Partner Jan reagierte zunächst verletzt: *»Vertraust du mir nicht?«* Für ihn klang der Wunsch nach einem Vertrag nach Zweifel und Distanz. Doch ein Gespräch mit einer Anwältin öffnete beiden die Augen: Es ging nicht um Misstrauen, sondern um **Fairness.** Darum, Verantwortung füreinander zu übernehmen, und nicht darum, eine Trennung zu planen. Der Vertrag wurde für sie schließlich zum Symbol ihrer Partnerschaft: verbindlich, klar und anpassbar an die Entwicklungen ihres Lebens.

Denn genau das ist der entscheidende Punkt: Ein Ehevertrag ist kein starres Konstrukt, das einmal unterschrieben wird und dann ein Leben lang unverändert bleibt. Er kann sich weiterentwickeln, so wie auch die Beziehung sich verändert: Kinder, gemeinsames Eigentum, berufliche Wendungen oder längere Auszeiten können berücksichtigt werden. So wird aus dem juristischen Instrument ein **Respektvertrag,** der beide Partner schützt und gleichzeitig die Freiheit erhält, sich auf neue Lebenssituationen einzustellen. Wer einen Ehevertrag schließt, trifft damit keine Aussage über mangelndes Vertrauen – sondern über **Verantwortungsbewusstsein.**

Er zeigt: »Ich will, dass wir beide abgesichert sind. Ich will nicht, dass einer von uns im Ernstfall benachteiligt ist. Ich will, dass wir uns auf Augenhöhe begegnen.«

Die Reflexionsfragen helfen Paaren, das eigene Bauchgefühl zu hinterfragen: Was löst das Wort **Ehevertrag** in uns aus – Angst, Misstrauen oder Sicherheit? Und warum schließen wir ganz selbstverständlich Versicherungen für Haus, Auto oder Gesundheit ab, ohne darin einen Mangel an Vertrauen zu sehen, aber zögern, wenn es um die Absicherung unserer Partnerschaft geht?

Ein Ehevertrag bedeutet:

- **Verbindlichkeit** – klare Regeln statt vager Erwartungen.
- **Klarheit** – Sicherheit für beide Partner, auch wenn das Leben anders verläuft als geplant.
- **Anpassbarkeit** – die Möglichkeit, Vereinbarungen an neue Lebenssituationen anzupassen.

So wird aus dem nüchternen Wort »Ehevertrag« ein Instrument, das zeigt: Wir wollen eine Partnerschaft, die nicht nur von Emotionen getragen wird, sondern auch von Verantwortung und Weitsicht.

3 »Ich hab doch nichts gemacht« – Das große Missverständnis um die Zugewinngemeinschaft

Juristische Grundlagen & Fallstricke für Paare.

Das vermeintlich einfache Modell

Viele Paare heiraten in der Annahme: »*Wir haben keinen Ehevertrag, also gehört uns automatisch alles zur Hälfte.*« Das klingt logisch – ist aber falsch.

Die **Zugewinngemeinschaft,** die ohne Ehevertrag automatisch gilt, bedeutet nicht, dass während der Ehe »alles beiden gehört«. Vielmehr bleibt rechtlich gesehen jeder Eigentümerin seines Vermögens. Wer ein Haus kauft, ist im Grundbuch allein oder gemeinsam eingetragen – und nur das zählt.

Die Zugewinngemeinschaft wirkt **erst am Ende der Ehe,** also bei Scheidung oder Tod. Dann wird verglichen: Wer hat wie viel Vermögen während der Ehe hinzugewonnen? Die Differenz wird ausgeglichen.

Wer hatte zu Beginn der Ehe wie viel Vermögen (das sog. Anfangsvermögen)?

Wie viel ist zum Ende der Ehe vorhanden (das Endvermögen)?

Die Differenz – also der Zugewinn – wird miteinander verglichen.

Derjenige, der während der Ehe mehr Vermögen hinzugewonnen hat, muss die Hälfte der Differenz an den anderen ausgleichen.

Klingt fair? Auf den ersten Blick ja.

In der Realität führt dieses Modell aber häufig zu Konflikten, Ungerechtigkeiten und Missverständnissen.

3.1 Das versteckte Problem: Besitz ist nicht gleich Vermögen

Während der Ehe darf jeder über das eigene Vermögen grundsätzlich frei verfügen. Das bedeutet: Ein Partner kann sein Einkommen sparen, investieren oder ausgeben – ganz wie er oder sie möchte. Das Gesetz verlangt keine laufende Vermögensaufstellung, keine Rechenschaft und keine Pflicht, gemeinschaftlich zu sparen. Im Ergebnis kann also ein Partner während der Ehe Vermögen aufbauen, während der andere seine Arbeitszeit reduziert, sich um Kinder oder Haushalt kümmert – ohne dabei eigene Rücklagen zu bilden. Im Alltag fühlt sich das oft gerecht an, weil man ja »alles gemeinsam macht«. Doch rechtlich bleibt dieses »gemeinsame Wirtschaften« **eine Fiktion,** wenn nichts davon auf den Namen beider läuft.

» **Mia & Lukas**

Lukas arbeitet Vollzeit und spart während der Ehe 200.000 € auf seinem Depot an.

Mia bleibt in den ersten Jahren mit den Kindern zu Hause und kehrt später in Teilzeit in den Beruf zurück.

Das Haus, in dem beide leben, steht nur auf Lukas Namen, weil er das Darlehen unterschrieben hat.

Nach 15 Jahren kommt es zur Trennung.

Mia geht davon aus, dass ihr die Hälfte des Hauses und des Vermögens zusteht.

Doch tatsächlich hat sie keinen direkten Anspruch auf Eigentum – sie hat lediglich Anspruch auf den Zugewinnausgleich.

Dieser berechnet sich aus der Differenz der Vermögenszuwächse während der Ehe.

Hat Lukas sein Geld ausgegeben, verschenkt oder anderweitig verwendet, gibt es möglicherweise nichts auszugleichen.

Ihr jahrelanges Engagement für Haushalt, Kinder und Familie taucht in dieser Rechnung nicht auf.

Ihr Satz nach dem Scheidungstermin: *»Ich dachte, in der Ehe gehört uns alles gemeinsam – aber offenbar war ich nur dabei.«*

3.2 Das zweite Missverständnis: Zugewinnausgleich ist kein Versorgungsausgleich

Oft wird der Zugewinnausgleich mit dem **Versorgungsausgleich** verwechselt. Letzterer betrifft aber nur Renten- und Altersvorsorgeansprüche – also das, was beide während der Ehe an Rentenpunkten oder Versorgungsanrechten erworben haben. Der Zugewinnausgleich dagegen betrifft das **tatsächlich vorhandene Vermögen** (z.B. Immobilien, Konten, Wertpapiere). Beide Systeme sind also getrennt – und decken jeweils nur einen Ausschnitt der wirtschaftlichen Realität ab. Gerade Frauen, die längere Care-Zeiten übernehmen, geraten dadurch doppelt in Nachteil: Sie verlieren nicht nur Einkommen und Karrierechancen, sondern bauen auch weniger Rentenansprüche und Vermögen auf.

Achtung: In den besonderen Konstellationen, in denen einer von beiden nicht in die gesetzliche Rentenversicherung einzahlt (Selbstständige), ist derjenige mit den gesetzlichen Rentenansprüchen (egal wie gering diese z.B. aufgrund von Teilzeit sind) ausgleichspflichtig. Dies zeigt plakativ, dass ein Ehevertrag eben nicht nur für Reiche ist, sondern umso wichtiger für den vulnerablen Teil der Gesellschaft.

3.3 Weitere Fallstricke: Schulden, Erbschaften, Inflation

Der Zugewinnausgleich kann auch dann ungerecht wirken, wenn besondere Umstände hinzukommen:

- **Schulden:** Wer mit Schulden in die Ehe geht, profitiert davon, wenn diese abbezahlt werden – der andere nicht.
- **Erbschaften oder Schenkungen:** Diese werden als sogenanntes *privilegiertes Anfangsvermögen* herausgerechnet – sie erhöhen also nicht den ausgleichspflichtigen Zugewinn.
- **Inflation und Wertsteigerung:** Immobilien oder Aktien, die sich stark im Wert verändern, führen zu willkürlichen Ergebnissen – abhängig vom Bewertungsstichtag.

All das zeigt: Der gesetzliche Güterstand der Zugewinngemeinschaft ist **keine Garantie** für Gerechtigkeit, sondern eine rechnerische Momentaufnahme, die stark von Zufällen, Marktwerten und Belegen abhängt.

3.3.1 Warum Planung besser ist als Vertrauen

Viele Paare machen sich erst Gedanken über den Güterstand, wenn die Beziehung bereits kriselt. Doch zu diesem Zeitpunkt ist es oft zu spät für faire Lösungen. Ein Ehevertrag kann hier von Anfang an **Klarheit und Balance** schaffen: Er kann Care-Arbeit berücksichtigen, Immobilien fair regeln und verhindern, dass einer durch Unternehmenswerte oder Liquiditätsprobleme unverschuldet in Not gerät. Wer frühzeitig plant, trifft keine Entscheidung gegen die Liebe, sondern **für Stabilität und Verantwortung.**

Denn echte Partnerschaft bedeutet nicht nur, gemeinsam zu träumen, sondern auch, gemeinsam vorauszudenken.

3.3.2 Illoyale Vermögensverfügungen – wenn Geld plötzlich »verschwindet«

Der Zugewinnausgleich soll sicherstellen, dass beide Ehepartner am Vermögenszuwachs während der Ehe fair beteiligt werden. Doch was passiert, wenn ein Partner kurz vor der Trennung beginnt, Geld »beiseitezuschaffen«, hohe Ausgaben zu tätigen oder Vermögenswerte zu verschenken, um den Zugewinnausgleich zu verringern?

Das Gesetz hat dafür eine klare Antwort: Nach **§ 1375 Abs. 2 BGB** wird das Endvermögen so berechnet, **als ob diese illoyalen Handlungen nicht stattgefunden hätten.** Mit anderen Worten: Wer sein Vermögen mutwillig schmälert, um den anderen zu benachteiligen, wird so behandelt, als wäre das Geld noch da.

Was gilt als »illoyal«?

Illoyal ist jede Vermögensverfügung, die **nicht mehr vom Vertrauen in die eheliche Gemeinschaft getragen** ist und **objektiv dazu führt,** dass das Vermögen absichtlich oder grob fahrlässig vermindert wird.

Typische Beispiele sind:

- **Vergeudung:** teure Anschaffungen ohne wirtschaftlichen Sinn (z.B. Luxusuhren, Oldtimer, Spielinvestitionen)
- **Schenkungen an Dritte:** zum Beispiel hohe Geldbeträge an neue Partnerinnen oder Verwandte kurz vor der Trennung
- **unverhältnismäßige Ausgaben:** übermäßiger Konsum, Spielverluste, »Verspekulieren« mit riskanten Anlagen
- **Verlagerung von Vermögen:** Übertragungen auf Dritte oder Gesellschaften, um das Vermögen dem Ausgleich zu entziehen
- **zweckwidrige Schuldenaufnahme:** zum Beispiel Kreditaufnahme nur, um den Zugewinn rechnerisch zu senken

Der Schlüsselbegriff ist **Benachteiligungsabsicht:** Es muss erkennbar sein, dass die Handlung darauf gerichtet war, den anderen Partner im Zugewinnausgleich schlechter zu stellen.

Nicht jede Ausgabe ist also automatisch illoyal – ein teurer Urlaub während intakter Ehe ist erlaubt, eine überstürzte Geldverschiebung nach der Trennung nicht.

Beweislast und Praxisprobleme

In der Theorie klingt das gerecht, in der Praxis ist der Nachweis allerdings schwierig:

Der benachteiligte Partner muss darlegen und beweisen,

1. **dass** eine Vermögensminderung stattgefunden hat,
2. **wann** sie erfolgte,
3. **warum** sie objektiv nicht mehr im Rahmen der ehelichen Lebensführung lag,
4. und dass sie **zum Nachteil** des anderen wirkte.

Oft fehlt es an Belegen, Kontoauszügen oder Zugriff auf finanzielle Unterlagen. Zudem verläuft die Grenze zwischen »normalem Konsum« und »Vergeudung« fließend. Gerichte prüfen daher genau, ob die Handlung noch im Rahmen des ehelichen Zusammenlebens lag oder bereits in einer Trennungsphase stattfand.

» Kurz vor der Trennung hebt Markus 80.000 € von seinem Gemeinschaftskonto ab und überweist sie auf das Konto seiner neuen Partnerin. Er behauptet später, es sei ein »Darlehen«. Das Gericht wertet die Zahlung als **illoyale Vermögensverfügung:**

Das Geld wird seinem Endvermögen wieder zugerechnet, als wäre es nie abgeflossen.

Seine Expartnerin erhält dadurch einen höheren Zugewinnausgleichsanspruch.

Was Paare tun können

Um Streit über illoyale Verfügungen zu vermeiden, können Ehepartner:

- regelmäßig **Transparenz über Vermögensstände** schaffen (z.B. jährliche Übersicht),
- **gemeinsame Konten klar regeln** (wer darf wofür verfügen),
- im Ehevertrag **Grenzen für größere Schenkungen oder Investitionen** festlegen,
- und bei Trennung frühzeitig **Nachweise sichern** (Kontoauszüge, Verträge, Belege).

Kurz gesagt:

Illoyale Vermögensverfügungen sind das juristische Korrektiv gegen »Vermögensverschiebung aus Trotz«. Das Gesetz schützt den fairen Ausgleich – aber nur, wenn der andere Partner rechtzeitig handelt, Nachweise sichert und seine Ansprüche geltend macht.

3.3.3 Das negative Anfangsvermögen – wenn Schulden zum Problem werden

Der Zugewinnausgleich soll den Vermögenszuwachs während der Ehe fair verteilen. Dafür vergleicht das Gesetz das **Anfangsvermögen** beider Ehepartner mit ihrem **Endvermögen.** Doch was passiert, wenn einer der Ehepartner **mit Schulden in die Ehe startet?** Kann ein Minus überhaupt als Anfangsvermögen angesetzt werden – und wenn ja, mit welchen Folgen?

Nach der Logik des Gesetzes (§ 1374 Abs. 1 BGB) besteht das Anfangsvermögen aus allem, was ein Ehepartner **bei Eheschließung besitzt – abzüglich seiner Verbindlichkeiten.** Das bedeutet: Wenn jemand mehr Schulden als Vermögen hat, ist das Anfangsvermögen **negativ.** Diese Regelung klingt fair, führt in der Praxis aber oft zu überraschenden Ergebnissen.

» **Paul & Lea**

Paul bringt 50.000 € Schulden aus einem früheren Studium und einem Autokredit mit in die Ehe, Lea dagegen 30.000 € Ersparnisse.

Während der Ehe tilgt Paul seine Schulden vollständig, Lea spart weiter und hat am Ende der Ehe 60.000 € auf dem Konto.

Rechnung nach dem Gesetz:

- Pauls Anfangsvermögen: –50.000 €
- Pauls Endvermögen: 0 € → Zugewinn = +50.000 €
- Leas Anfangsvermögen: +30.000 €
- Leas Endvermögen: +60.000 € → Zugewinn = +30.000 €

Differenz: 20.000 € → Hälfte davon = 10.000 € Zugewinnausgleich **von Paul an Lea.**

Ergebnis: Obwohl Paul während der Ehe nichts angespart, sondern nur seine alten Schulden abbezahlt hat, muss er Lea einen Ausgleich zahlen.

Das fühlt sich für viele unverständlich an – denn Paul hat faktisch nur »null erreicht«, während Lea Vermögen gebildet hat.

Warum das ungerecht wirken kann

Die Idee des Gesetzes ist theoretisch nachvollziehbar: Auch die Schuldentilgung gilt als Vermögenszuwachs, denn wer Schulden abbaut, wird rechnerisch »reicher«. Aber in der Praxis bedeutet das, dass ein Ehepartner, der mit einem Minus startet und sich mühsam entschuldet, am Ende **Ausgleichszahlungen leisten muss,** obwohl er gar kein reales Vermögen aufgebaut hat.

Besonders problematisch ist das in Fällen, in denen:

- die Schulden aus Zeiten **vor der Ehe** stammen (z.B. Ausbildung, Existenzgründung, Trennungskosten),

- während der Ehe **gemeinsam gewirtschaftet** wurde, aber nur einer Schulden abgebaut hat,
- oder die Tilgung indirekt aus **gemeinsamen Haushaltsmitteln** erfolgte.

Hier kann das Ergebnis grotesk wirken: Der Partner, der wirtschaftlich vernünftig gehandelt hat, wird am Ende rechnerisch »belastet«, während der andere profitiert – obwohl beide vom gemeinsamen Einkommen gelebt haben.

Rechtliche Diskussion: Korrekturen durch die Rechtsprechung

Lange Zeit war umstritten, ob negative Anfangsvermögen überhaupt berücksichtigt werden dürfen. Der Bundesgerichtshof hat das mittlerweile **grundsätzlich bejaht** (BGH, Urteil vom 9.2.2005, XII ZR 148/02). Er argumentiert: Wer Schulden abbaut, erzielt dadurch einen Vermögenszuwachs, der ausgleichspflichtig ist.

Allerdings erkennt die Rechtsprechung auch Ausnahmen an, etwa wenn:

- die Schulden während der Ehe **gemeinsam getragen** wurden,
- oder wenn es sich um »ehetypische« Verbindlichkeiten handelt, etwa gemeinsames Wohneigentum.

In solchen Fällen kann der Zugewinnausgleich **angepasst oder ausgeschlossen** werden, um eine grobe Unbilligkeit (§ 1381 BGB) zu vermeiden. Das ist aber immer eine Einzelfallentscheidung und hängt stark von der Beweislage ab.

Gestaltungsmöglichkeiten im Ehevertrag

Ein Ehevertrag kann hier klare und faire Lösungen schaffen.

Paare können vereinbaren, dass:

- **negative Anfangsvermögen auf null gesetzt** werden,

- Schulden, die vor der Ehe entstanden sind, **vom Zugewinn ausgenommen** werden,
- oder Tilgungen nur anteilig berücksichtigt werden, wenn sie aus **gemeinsamem Einkommen** stammen.

So lässt sich verhindern, dass der Partner, der in der Ehe lediglich seine Altlasten abgetragen hat, am Ende auch noch einen finanziellen Nachteil erleidet.

Kurz gesagt:

Das negative Anfangsvermögen ist ein Paradebeispiel dafür, dass das Gesetz oft »rechnerisch korrekt«, aber **menschlich unverständlich** wirkt. Wer Schulden mit in die Ehe bringt, kann beim Zugewinnausgleich trotz redlicher Bemühung verlieren. Nur wer frühzeitig Vereinbarungen trifft – und die Ausgangslage klar dokumentiert –, kann sicherstellen, dass **Gerechtigkeit nicht zur Rechenfrage** wird.

3.4 Erbschaften, Schenkungen und Nießbrauch – wenn das Familienvermögen in Bewegung kommt

Erbschaften und Schenkungen sind im Zugewinnausgleich ein sensibles Thema. Oft sind sie Auslöser für Konflikte, Missverständnisse oder unausgesprochene Ungerechtigkeiten. Denn während der Gesetzgeber die Weitergabe von Familienvermögen schützen will, entsteht in vielen Ehen das Gefühl: *»Wir haben doch alles gemeinsam aufgebaut – warum zählt das plötzlich nicht?«*

Gesetzliche Grundlage – das sogenannte »privilegierte Anfangsvermögen«

Nach **§ 1374 Abs. 2 BGB** gehören Erbschaften und Schenkungen, die ein Ehepartner **während der Ehe erhält,** nicht zum Zugewinn. Sie werden dem sogenannten **Anfangsvermögen** hinzugerechnet, also so behandelt, als hätte man sie schon bei Eheschließung besessen.

Das bedeutet: Erhält ein Partner während der Ehe ein Haus, ein Grundstück oder Geldgeschenke von den Eltern, dann **gehört dieser Vermögenswert allein ihm oder ihr** – auch wenn beide gemeinsam davon profitieren oder darin wohnen. Nur die **Wertsteigerung** dieser Schenkung während der Ehe kann im Rahmen des Zugewinnausgleichs eine Rolle spielen. Wird also zum Beispiel das geschenkte Haus renoviert und steigt dadurch im Wert, kann diese Steigerung anteilig ausgleichspflichtig sein.

Warum das in der Praxis oft zu Konflikten führt

In vielen Ehen werden Erbschaften oder Schenkungen **nicht getrennt betrachtet,** sondern in die gemeinsame Lebensplanung eingebaut. Ein Partner erbt das Elternhaus – beide ziehen ein, investieren Zeit, Geld und Arbeit in Renovierung und Instandhaltung. Im Alltag fühlt sich das an wie »unser Zuhause« – rechtlich bleibt es aber das **alleinige Eigentum** des Beschenkten. Kommt es zur Trennung, trifft das den anderen Partner oft hart: Er oder sie hat vielleicht viele Jahre Arbeit, Geld oder emotionale Energie in ein Haus gesteckt, das ihm oder ihr rechtlich nie gehört hat. Und weil die Schenkung privilegiert ist, fließt sie **nicht** in den Zugewinnausgleich ein. Noch komplizierter wird es, wenn Eltern Vermögen an ihre Kinder übertragen, aber sich selbst **ein Nießbrauchrecht** vorbehalten.

Der Sonderfall: Schenkung mit Nießbrauch – Besitz, aber kein Eigentum

Der Nießbrauch ist ein klassisches Instrument der Vermögensübertragung innerhalb der Familie. Er bedeutet, dass die Eltern zwar das Eigentum an ihr Kind übertragen, aber das Recht zur Nutzung und Fruchtziehung (z.B. Mieteinnahmen) behalten. So bleibt die wirtschaftliche Kontrolle oft bei der älteren Generation, während das Eigentum schon an das Kind übergeht. Juristisch betrachtet entsteht damit eine Schenkung – aber mit Vorbehalt. Für den Zugewinnausgleich bedeutet das: Der Ehepartner, der die Schenkung erhält,

bekommt zwar rechtliches Eigentum, aber der Vermögenswert ist **belastet durch den Nießbrauch.** Das führt zu einer **Wertminderung** bei der Berechnung des Anfangsvermögens, weil der Wert des Nießbrauchs abgezogen werden muss. Das klingt zunächst vorteilhaft – ist aber in der Praxis oft ein **Dauerbrenner für Streit.**

Typische Probleme in der Praxis

1. **Wertbestimmung des Nießbrauchs**

   Der Wert des Nießbrauchs richtet sich nach dem Alter der Eltern, der Art der Nutzung und den erzielbaren Erträgen. Je älter die Nießbraucher sind, desto geringer der Wert. Diese Berechnung ist komplex und oft Gegenstand teurer Gutachten. Kleine Unterschiede in der Bewertung können den Zugewinnausgleich erheblich verändern.

2. **Miteigentum ohne Mitsprache**

   Der beschenkte Ehepartner ist Eigentümer, aber die Eltern behalten das Nutzungsrecht. Der andere Ehepartner ist rechtlich außen vor – auch wenn er gemeinsam mit seinem Partner zum Beispiel Instandhaltungskosten trägt oder Kredite mitfinanziert. Bei Trennung oder Tod entsteht oft das Gefühl: *»Ich habe mitgeholfen, aber eigentlich gehörte mir nie etwas.«*

3. **Investitionen in belastetes Eigentum**

   Häufig investieren Ehepaare gemeinsam in Immobilien, die einem Partner bereits mit Nießbrauch belastet geschenkt wurden – etwa durch Renovierungen, Umbauten oder Modernisierungen. Diese Investitionen erhöhen den Wert der Immobilie, **kommen aber allein dem Eigentümer zugute.** Ohne klare vertragliche Regelung gibt es dafür **keinen Ausgleichsanspruch.**

4. **Schenkungen als »Familiensache«**

   Eltern verschenken oft bewusst nur an das eigene Kind, nicht an das Schwiegerkind – meist aus Sorge, das Vermögen könne bei einer Scheidung verloren gehen. Das ist nachvollziehbar, führt aber in Ehen zu Spannungen, weil das Gefühl von »unser gemeinsames Zuhause« rechtlich nie Realität wird.

5. **Ausgleich der Wertsteigerung**

   Noch komplizierter wird es, wenn das geschenkte Haus trotz Nießbrauch eine Wertsteigerung erfährt und somit vom Zugewinn betroffen ist. Wenn die Immobilie der einzige Vermögenswert ist, dann muss diese zur Zahlung des Zugewinnausgleiches verkauft werden. Wie gut das funktioniert, wenn die eigenen Eltern noch darin wohnen, kann sich vermutlich jeder vorstellen.

Gestaltungsmöglichkeiten und Absicherung

Wer mit einer Schenkung oder einem Nießbrauch konfrontiert ist – ob als Empfänger oder als Partner –, sollte die rechtlichen Folgen **frühzeitig** regeln.

Es gibt verschiedene Möglichkeiten, Gerechtigkeit zu schaffen:

- **Ehevertragliche Vereinbarung:**

  Aufnahme einer Klausel, die regelt, wie mit geschenktem Vermögen umgegangen wird (z.B. anteilige Berücksichtigung von Wertsteigerungen oder Investitionen).

- **Ausgleichsregelung bei Trennung:**

  Festlegung, dass Investitionen in eine Immobilie mit Nießbrauch bei Trennung anteilig erstattet werden.

- **Eintragung beider Partner im Grundbuch:**

  Wenn beide finanziell beitragen, sollte das auch rechtlich sichtbar sein – durch Miteigentum oder ein Wohnrecht.

- **Schenkungsvertrag mit Bedingung:**

  Eltern können im Schenkungsvertrag festlegen, dass der Wert des Geschenks im Falle einer Scheidung teilweise zurückzuerstatten ist (Rückforderungsklausel bei Scheidung).

- **Steuerliche Beratung:**
  Da Schenkungen und Nießbrauch auch steuerlich komplex sind, sollten steuerliche Auswirkungen (Schenkungsteuer, Nießbrauchwert, Freibeträge) in die Planung einbezogen werden.

» **Sabine & Thomas**

Sabine erhält von ihren Eltern ein Zweifamilienhaus als Schenkung, die Eltern behalten sich den Nießbrauch an der Erdgeschosswohnung vor. Sabine und ihr Mann Thomas investieren gemeinsam 100.000 € in die Modernisierung des Obergeschosses und wohnen dort selbst. Bei einer späteren Trennung steht fest: Das Haus gehört Sabine allein, der Nießbrauch besteht weiter. Thomas kann seine Investitionen **nicht ohne vertragliche Grundlage zurückfordern,** da die Immobilie rechtlich nie »gemeinsames Vermögen« war. Die gemeinsame Arbeit und die finanziellen Beiträge bleiben wirtschaftlich ohne Wertausgleich.

Schenkungen sind kein gemeinsames Glücksgut

Was in der Familie als großzügige Geste beginnt, kann im Trennungsfall zur juristischen Baustelle werden. Erbschaften und Schenkungen sind in der Zugewinngemeinschaft privilegiert, aber emotional selten neutral. Vor allem Schenkungen mit Nießbrauch führen häufig zu Missverständnissen und gefühlten Ungerechtigkeiten – insbesondere, wenn beide Partner in das geschenkte Objekt investieren. Ein fairer Umgang mit solchen Vermögenswerten erfordert **Transparenz, Kommunikation und klare Vereinbarungen.** Ein Ehevertrag kann hier Brücken bauen – zwischen den rechtlichen Realitäten und den gelebten Vorstellungen von Partnerschaft. Wer sie versteht und gestaltet, vermeidet spätere Konflikte. Während Erbschaften und Schenkungen grundsätzlich als **»privilegiertes Anfangsvermögen«** gelten und damit **nicht ausgleichspflichtig** sind, führt die Kombination mit einem **Nießbrauchrecht** zu komplexen Bewertungsfragen. Der beschenkte Ehepartner erhält zwar das Eigentum, doch wirtschaftlich bleibt der Wert durch den Nießbrauch der Eltern stark eingeschränkt. Gerade bei Immobilienübertragungen innerhalb der Familie entstehen dadurch Spannungen: Ein Partner hat Eigentum, der andere investiert mit, und trotzdem bleibt er rechtlich außen vor. Hinzu kommen steuerliche Aspekte, die oft übersehen werden, und familiäre Dynamiken, wenn Eltern zwar schenken, aber die Kontrolle nicht vollständig loslassen wollen.

» **Sophie & Martin**

Sophie und Martin leben seit vielen Jahren zusammen, heiraten, bauen sich eine gemeinsame Existenz auf. Als Sophies Eltern in den Ruhestand gehen, möchten sie ihr das Elternhaus übertragen. Eine klassische familiäre Schenkung – allerdings mit Vorbehalt: Die Eltern behalten sich ein **lebenslanges Nießbrauchrecht** an der Erdgeschosswohnung vor, um weiterhin dort wohnen und Mieteinnahmen aus der Einliegerwohnung beziehen zu können. Auf den ersten Blick scheint alles geregelt: Das Haus ist »in der Familie«, Sophie und Martin ziehen ins Obergeschoss, renovieren gemeinsam, stecken **viel Geld und Eigenleistung** in die Modernisierung. Sie zahlen Handwerker, tauschen Fenster, dämmen das Dach, legen den Garten neu an – rund **80.000 €** fließen in das Haus. Doch was beiden nicht bewusst ist: Rechtlich gehört das Haus allein Sophie, und der Wert ist durch den Nießbrauch der Eltern belastet.

Martin steht **nicht im Grundbuch** – und erhält im Falle einer Trennung **keinen Ausgleich** für seine Investitionen. Fünf Jahre später kommt es zur Trennung. Martin möchte zumindest die Hälfte seiner Aufwendungen zurück. Doch juristisch steht er mit leeren Händen da. Seine Renovierungen haben den Wert der Immobilie zwar gesteigert, aber die Immobilie war nie gemeinsames Vermögen. Auch der Zugewinnausgleich greift nicht: Das Haus wurde Sophie **geschenkt** und zählt daher als **privilegiertes Anfangsvermögen** – die Investitionen Martins sind nicht ausgleichspflichtig. Nur in seltenen Ausnahmefällen (z.B. nachweisbare Absprache, unbillige Härte, Bereicherungsrecht nach § 812 BGB) kann ein Teilbetrag geltend gemacht werden –

meist aber ohne Erfolg. Das Ergebnis: Sophie behält das Haus, die Eltern ihren Nießbrauch, und Martin verliert nicht nur die Beziehung, sondern auch sein investiertes Geld. Emotional empfinden beide die Situation als ungerecht – rechtlich ist sie jedoch korrekt.

Juristische Bewertung

Dieser Fall zeigt exemplarisch, wie stark **familiäre Vermögensübertragungen mit Nießbrauch** die Dynamik innerhalb einer Ehe beeinflussen können:

- Das Eigentum liegt ausschließlich beim beschenkten Partner.
- Der Wert ist durch den Nießbrauch reduziert – was die Bewertung und spätere Aufteilung erschwert.
- Der andere Ehepartner hat keinen Ausgleichsanspruch, selbst wenn er erheblich investiert hat.

Gerade solche Fälle verdeutlichen, warum es so wichtig ist, im Rahmen eines **Ehevertrags oder einer notariellen Vereinbarung** festzuhalten, wie mit Schenkungen, Investitionen und Nießbrauchrechten umgegangen werden soll.

Eine faire Regelung kann etwa vorsehen:

- dass Investitionen anteilig erstattet werden,
- dass Wertsteigerungen aus gemeinsamen Mitteln berücksichtigt werden,
- oder dass der nicht beschenkte Partner ein Ausgleichsrecht bei Trennung erhält.

Das Elternhaus mag emotionales Heimatgefühl vermitteln – rechtlich ist es oft eine tickende Zeitbombe. Gerade Schenkungen mit Nießbrauch verbinden **familiäre Erwartungen, steuerliche Strategien und juristische Risiken.** Wer hier keine klaren Vereinbarungen trifft, riskiert, dass das, was als Zeichen familiärer Liebe gedacht war, später zu einem **Streitfall mit Gerechtigkeitsdefizit** wird.

3.5 Irrtümer und Realität

Wenn es um Finanzen und Eigentum in der Ehe geht, kursieren erstaunlich viele Mythen. Viele Paare verlassen sich auf ihr Bauchgefühl oder das, »was man so hört«. Doch was romantisch klingt, ist juristisch oft ein Trugschluss – und kann im Trennungsfall schmerzhaft teuer werden. Die folgenden Irrtümer gehören zu den Klassikern im Familienrecht – und zeigen, warum Aufklärung hier der beste Selbstschutz ist.

3.5.1 »Uns gehört alles gemeinsam.« – Nein. Nur, was wirklich gemeinsam gekauft und eingetragen ist, gehört auch beiden.

Im Alltag empfinden viele Ehepaare ihr Eigentum als »gemeinsames Besitzgut«. »Wir haben das Haus zusammen gekauft«, »Das Auto ist doch unseres«, »Wir zahlen doch alles vom gleichen Konto.« Doch das Gesetz unterscheidet strikt zwischen **Besitz** und **Eigentum.**

Wem etwas rechtlich gehört, entscheidet sich nicht am Gefühl, sondern am **Eintrag.** Ein Haus gehört nur dem, der im **Grundbuch** steht, ein Auto nur dem, der im **Fahrzeugbrief eingetragen** ist, und ein Konto gehört nur dem, der Inhaber ist – selbst wenn beide darin einzahlen oder es mitbenutzen. Die Zugewinngemeinschaft ändert daran nichts: Sie schafft **keine automatische Eigentumsgemeinschaft,** sondern regelt nur, dass am Ende der Ehe der Vermögenszuwachs ausgeglichen wird. Solange die Ehe besteht, bleibt also jeder Eigentümer des eigenen Vermögens – auch dann, wenn man im Alltag alles teilt. Diese Unterscheidung wird oft erst dann schmerzhaft deutlich, wenn ein Partner nach einer Trennung erkennt: Das gemeinsame Zuhause, die Wertpapiere oder sogar die Familienkutsche gehören **rechtlich gesehen nur dem anderen.** Ein Ehevertrag kann hier klare Verhältnisse schaffen – und das, bevor Emotionen und Eigentumsfragen kollidieren.

3.5.2 »Ich hab nichts gemacht, also gibt es nichts zu holen.« – Falsch. Auch unbezahlte Arbeit schafft Werte.

Viele Partner, vor allem Frauen, unterschätzen ihren Beitrag zur wirtschaftlichen Entwicklung der Familie. Sätze wie »Ich hab ja nichts verdient« oder »Ich war ja nur zu Hause« hört man häufig – und sie sind juristisch wie menschlich falsch. Das Familienrecht erkennt an, dass **Care-Arbeit** – also Kinderbetreuung, Haushalt, Pflege oder emotionale Organisation – eine **gleichwertige Leistung** ist. Auch wenn sie nicht in Euro auf dem Konto erscheint, ermöglicht sie doch erst, dass der andere Partner Karriere macht, Überstunden leistet, Boni erhält oder Vermögen aufbauen kann. Dieser indirekte Vermögenszuwachs wird über den **Zugewinnausgleich** berücksichtigt. Denn das Ziel des Gesetzes ist es, den während der Ehe gemeinsam geschaffenen Wertzuwachs fair zu verteilen – unabhängig davon, wer die »klassische Erwerbsarbeit« übernommen hat. Allerdings gilt: Nur **das, was am Ende der Ehe tatsächlich noch vorhanden ist,** kann ausgeglichen werden. Verbrauchtes oder verschenktes Vermögen verschwindet auch juristisch – und genau darin liegt der nächste große Irrtum.

3.5.3 »Das regelt sich schon fair.« – Leider nicht immer.

Viele Menschen glauben, das Gesetz werde »schon gerecht sein«. Doch das Familienrecht ist kein Gerechtigkeits-, sondern ein **Ordnungsrecht** – es bietet eine Struktur, aber keine Garantie für Fairness im Einzelfall. Der Zugewinnausgleich wirkt **mathematisch,** nicht moralisch. Wenn während der Ehe Vermögen »verbraucht« wird – sei es durch luxuriösen Lebensstil, riskante Spekulationen oder großzügige Geschenke –, gibt es am Ende **nichts mehr auszugleichen.** Das kann für den Partner, der Care-Arbeit geleistet hat, verheerend sein: Er oder sie hat die Grundlage für den Vermögensaufbau geschaffen, aber keinen Zugriff auf das Ergebnis. Im Extremfall steht dieser Partner nach zwanzig Ehejahren **ohne Eigentum, ohne Rücklagen und mit Rentenlücken** da. Das ist nicht selten – und genau hier zeigt sich, warum der Glaube an »automatische Fairness« gefährlich ist. Das Gesetz gleicht nur das aus, **was am Ende noch übrig ist.** Es fragt nicht, warum etwas fehlt, ob es gerecht ist oder wer verzichtet hat.

Fairness entsteht also **nicht durch Vertrauen in das Gesetz,** sondern durch aktive Gestaltung. Ein Ehevertrag kann genau diese Lücken schließen – indem er Care-Arbeit sichtbar macht, Vermögensverteilung planbar gestaltet und verhindert, dass »Liebe auf Vertrauen« am Ende in wirtschaftlicher Abhängigkeit endet.

3.5.4 Vermögen und Hausrat – was wirklich geteilt wird (und was nicht)

Einer der größten Irrtümer rund um Ehe und Zugewinngemeinschaft betrifft die Annahme, **alles während der Ehe angeschaffte Eigentum gehöre automatisch beiden Partnern.** In der Realität unterscheidet das Familienrecht sehr genau, **welches Vermögen geteilt wird, was individuell bleibt** – und wo sich die größten Fallstricke verbergen. Vermögen gehört nicht automatisch »beiden« Das Vermögen jedes Ehepartners bleibt grundsätzlich **eigenständig,** auch wenn es in der Ehe erworben wurde. Das gilt für Geldanlagen, Immobilien, Depots, Kunstgegenstände, Fahrzeuge und selbst für Sparverträge. Nur dann, wenn beide gemeinsam kaufen oder ausdrücklich **Miteigentum** begründen, entsteht gemeinsames Eigentum.

» Wird ein Haus auf den Namen beider Partner im Grundbuch eingetragen, sind beide je zur Hälfte Eigentümerinnen – unabhängig davon, wer wie viel Geld eingebracht hat.

Steht dagegen nur ein Name im Grundbuch, gehört die Immobilie ausschließlich dieser Person, auch wenn der andere Partner die Raten mitgezahlt oder die Küche renoviert hat.

Auch bei Konten gilt:

Ein **Einzelkonto** gehört allein dem Kontoinhaber – das Guthaben fällt nicht automatisch in das gemeinschaftliche Vermögen.

Ein **Oder-Konto** (»A oder B«) erlaubt zwar beiden den Zugriff, ändert aber nichts an den Eigentumsverhältnissen im Hintergrund. Kommt es zur Trennung, kann der Zugriff gesperrt oder rückabgewickelt werden, wenn ein Partner zu viel entnimmt.

Wertsteigerungen sind kein gemeinsamer Gewinn

Selbst wenn beide in eine Immobilie investieren oder gemeinsam im Haushalt wirtschaften, gilt: Nur der Eigentümer profitiert rechtlich von der Wertsteigerung. Der Zugewinnausgleich greift erst bei der Scheidung – und auch dann nur in Geldform. Ein Partner, der zum Beispiel viel Eigenleistung (»Muskelhypothek«) in die Renovierung eines Hauses des anderen gesteckt hat, kann diese Arbeit nur schwer nachweisen oder beziffern. Oft bleibt sie unberücksichtigt. Daher ist es so wichtig, größere Anschaffungen, Renovierungen oder Tilgungen **vertraglich festzuhalten** – etwa in einer Zusatzvereinbarung oder einem Ehevertrag. Ein einfacher Satz wie *»Beide Ehegatten tragen die Kosten der Modernisierung des Hauses je zur Hälfte, eventuelle Wertsteigerungen werden bei Trennung ausgeglichen«* kann im Ernstfall viel Streit ersparen.

Hausrat – der emotionale Klassiker

Der Begriff **Hausrat** umfasst alles, was dem gemeinsamen Leben dient: Möbel, Geschirr, Elektrogeräte, Fahrräder, Deko, sogar Haustiere (mit Einschränkungen). Er gehört grundsätzlich beiden Ehepartnern gemeinsam, wenn er während der Ehe angeschafft wurde – unabhängig davon, wer gezahlt hat.

Das heißt:

Das Sofa, das gemeinsam ausgesucht wurde, zählt zum gemeinsamen Hausrat, auch wenn es von einem Konto bezahlt wurde. Ebenso die Waschmaschine, das Bett, die Kaffeemaschine oder der Esstisch. Bei einer Trennung wird der Hausrat entweder **einvernehmlich aufgeteilt** oder im Streitfall durch das Gericht nach **§ 1361a BGB** verteilt.

Die Faustregel lautet:

- Was für **beide** angeschafft wurde, gilt als **gemeinschaftlicher Hausrat.**
- Was **nur einem Partner persönlich dient** (z.B. Arbeitsgeräte, Musikinstrumente, Kleidung, Schmuck), bleibt **alleiniges Eigentum.**

Problematisch wird es dort, wo sich emotionale und wirtschaftliche Werte überschneiden: die gemeinsame Couch, die geerbte Vase, das teure Rennrad, das beide benutzt haben. Hier entscheidet oft der Nachweis – oder schlicht die Fähigkeit, Kompromisse zu schließen.

Besondere Konstellationen: Erbstücke, Geschenke und Sammlungen

Erbstücke, persönliche Geschenke und Sammlungen sind vom Hausrat **ausdrücklich ausgenommen.** Sie gehören dem, der sie geerbt oder geschenkt bekommen hat. Wenn also ein Partner von den Eltern eine wertvolle Antiquität erhält, wird diese **nicht geteilt,** auch wenn sie im gemeinsamen Wohnzimmer steht. Gleiches gilt für Schmuck, Kunst oder Musikinstrumente mit persönlichem Bezug. Nur wenn ein Gegenstand **nachweislich für den gemeinsamen Gebrauch bestimmt** war, wird er als Hausrat behandelt – etwa eine gemeinsam angeschaffte Kunstinstallation für das Wohnzimmer oder ein gemeinsam genutztes Klavier.

Typische Streitpunkte – und wie man sie vermeidet

Die Erfahrung aus der Praxis zeigt: Konflikte um Vermögen und Hausrat entstehen selten aus Gier, sondern aus **verletztem Gerechtigkeitsempfinden.** Der eine fühlt sich ungesehen, der andere übergangen. Das juristische Ergebnis (wem gehört was) deckt sich oft nicht mit dem gefühlten »Wir-Gedanken« einer Ehe.

Die häufigsten Streitpunkte:

- **Immobilien,** in die beide investiert haben, aber nur einer im Grundbuch steht,
- **Sparguthaben,** die »für uns beide« gedacht waren, aber nur auf einem Konto liegen,
- **Hausrat,** bei dem Erinnerungswert und Eigentum auseinanderfallen,
- **Hochzeitsgeschenke,** die schwer zuzuordnen sind (»an uns beide« oder »an sie/ihn persönlich«).

Die beste Prävention: **Dokumentation und klare Zuordnung.**

Wer schon bei der Anschaffung kurz notiert, wem was gehört oder wer welchen Anteil beigesteuert hat, verhindert späteres Chaos. In größeren Vermögensfragen ist ein **Ehevertrag** das Mittel der Wahl, um genau solche emotionalen Konflikte zu vermeiden.

3.6 Checkliste: Hausrat fair aufteilen – 5 Schritte für Paare

Die Aufteilung des Hausrats gehört zu den emotionalsten Themen bei einer Trennung.

Diese Checkliste hilft, Struktur in die Diskussion zu bringen – und Missverständnisse zu vermeiden. Auch unabhängig von einem Ehevertrag bietet es sich aus vielerlei Gründen an, eine solche Liste zu erstellen. Zum einen kann man sich anhand dessen einen Überblick machen, was man alles hat oder auch nicht hat und entsprechend verkaufen oder anschaffen. Auch für einen Versicherungsfall wie Feuer, Wasser und co. ist es sinnvoll eine verbindliche Auflistung des Hausrats (bestenfalls mit Rechnung) zu haben.

1. Bestandsaufnahme – was gibt es überhaupt?

Erstellt eine gemeinsame Liste aller Gegenstände, die während der Ehe angeschafft wurden:

- Möbel, Elektrogeräte, Haushaltsutensilien
- Fahrzeuge, Fahrräder, Gartengeräte
- Haustiere, Kunstgegenstände, Deko
- Hochzeitsgeschenke und gemeinsame Anschaffungen

! Fotos und Rechnungen helfen, Eigentum und Anschaffungszeitpunkte nachzuweisen.

2. Zuordnung – wem gehört was (rechtlich)?

Prüft, welche Gegenstände tatsächlich zum gemeinsamen Hausrat gehören und welche persönliches Eigentum sind.

- Gemeinsamer Hausrat: alles, was beiden dient
- Persönliches Eigentum: Kleidung, Schmuck, Arbeitsgeräte, Erbstücke
- Streitfälle: Hochzeitsgeschenke, Haustiere, Luxusobjekte

Merke: Entscheidend ist nicht, wer gezahlt hat, sondern wofür der Gegenstand genutzt wurde.

---

3. Einigung versuchen – fair statt formal

Sprecht ehrlich darüber, **welcher Gegenstand wem wichtiger ist.** Häufig kann man sich einigen, wenn es um den tatsächlichen Bedarf geht, nicht um Prinzipien. Einigt euch schriftlich - auch formlos –, um spätere Missverständnisse zu vermeiden.

! Ein einfaches Dokument wie »Hausratsvereinbarung zur Trennung vom [Datum]« kann später viel Streit verhindern.

4. Emotionen erkennen – und nicht verhandeln

Hausrat ist selten nur »Sache«. Oft hängen Erinnerungen, Liebe oder Kränkungen daran. Trennt zwischen dem **emotionalen Wert** und dem **juristischen Wert** - und holt im Zweifel eine neutrale Person (Mediatorin oder Anwältin) hinzu.

Hinweis: Wer den emotionalen Wert von Gegenständen anerkennt, verhindert, dass aus einem Toaster ein Rosenkrieg wird.

---

5. Rechtliche Absicherung – klare Verhältnisse schaffen

Wenn eine Einigung nicht gelingt, gilt § 1361a BGB: Das Gericht kann Hausrat **zuteilen oder zur Nutzung überlassen,** orientiert an Billigkeit und Bedarf (z.B. wer mit den Kindern im Haushalt bleibt). Eine gerichtliche Entscheidung ist aber immer die letzte Option - teuer, langwierig und selten zufriedenstellend.

Besser: Vorher gemeinsam regeln, wer was behält – am besten begleitet durch anwaltliche Beratung.

Fairness beginnt mit Transparenz. Wer frühzeitig klärt, wem was gehört und warum, vermeidet nicht nur Streit, sondern auch schmerzhafte Ungerechtigkeiten. Die Aufteilung des Hausrats ist kein Kampf um Dinge – sondern eine Chance, **Respekt und Gleichberechtigung auch im Abschied zu leben.**

3.6.1 Gemeinsames Eigentum – gemeinsame Verantwortung

Wenn beide Ehepartner im Grundbuch stehen, sind sie **Miteigentümer** – und zwar unabhängig davon, **wer den Kredit tatsächlich bedient** hat oder **wer wie viel Eigenkapital eingebracht hat.** Im Zweifel gehört das Haus beiden zu gleichen Teilen (§ 1008 BGB).

Das bedeutet:

- **Beide** sind für die laufenden Kosten, Kredite und Instandhaltung verantwortlich.
- Keiner kann allein über das Haus verfügen oder es verkaufen ohne Zustimmung des anderen.
- Bei einer Scheidung bleibt es gemeinsames Eigentum, bis eine Einigung oder gerichtliche Entscheidung erfolgt.

Merksatz: Wer gemeinsam baut, bindet sich nicht nur emotional, sondern auch rechtlich – oft stärker, als ihm bewusst ist.

3.6.2 Steht nur einer im Grundbuch – bleibt er oder sie Eigentümer

Wenn nur ein Partner im Grundbuch eingetragen ist, gehört das Haus **ausschließlich ihm oder ihr.** Der andere Partner hat **kein Eigentumsrecht,** selbst wenn er mitgewohnt, mitgezahlt oder Renovierungen finanziert hat. In solchen Fällen bleibt dem nicht eingetragenen Partner oft nur der **Zugewinnausgleich.** Das bedeutet: Er profitiert anteilig vom Vermögenszuwachs während der Ehe – aber **nur, wenn noch etwas vom Wert übrig ist.**

Ist das Haus verkauft, überschuldet oder stark im Wert gefallen, geht der Zugewinnausgleich ins Leere. Und wer in dieser Zeit hauptsächlich Care-Arbeit geleistet hat, steht am Ende häufig mit nichts da – obwohl das gemeinsame Zuhause jahrelang Mittelpunkt des Familienlebens war.

3.6.3 Praxisfalle: Das emotionale Eigentum

Viele Paare investieren gemeinsam Zeit, Geld und Liebe in eine Immobilie – aber rechtlich gehört sie nur einem. Der oder die andere steht dann oft mit einem tiefen Gefühl von Ungerechtigkeit da: *»Ich habe doch mitgearbeitet, das war doch unser Zuhause!«* Das Gesetz sieht das nüchterner: Eigentum steht im Grundbuch, nicht in der Gefühlsbilanz. Gerade hier ist ein Ehevertrag oder eine **schriftliche Vereinbarung** entscheidend.

Er kann zum Beispiel festhalten:

- dass Investitionen beider Partner anteilig berücksichtigt werden,
- dass Care-Arbeit als Beitrag zum Immobilienwert anerkannt wird,
- oder dass der nicht eingetragene Partner im Falle einer Trennung eine Ausgleichszahlung erhält.

3.6.4 Lösungen bei Trennung – was rechtlich möglich ist

Verkauf und Teilung

Die einfachste, wenn auch schmerzhafteste Lösung: Das Haus wird verkauft, der Erlös nach Abzug von Schulden geteilt. Das ist besonders sinnvoll, wenn keiner der Partner die Immobilie allein halten kann oder will.

Achtung: Der Verkauf erfordert **die Zustimmung beider Eigentümer** – niemand kann allein verkaufen. Oder es wird Teileigentum verkauft, was aus wirtschaftlicher Sicht für alle Beteiligten (außer den Käufer) die schlechteste Lösung ist.

Übertragung auf einen Partner

Eine Alternative ist die **Übertragung des Anteils** eines Ehepartners auf den anderen – gegen Zahlung einer Abfindung. Das setzt jedoch voraus, dass der verbleibende Partner den Kredit übernehmen kann und die Bank zustimmt. Notarielle Beurkundung ist zwingend erforderlich (§ 311b BGB).

Wohnungszuweisung (§ 1361b BGB)

Wenn sich die Ehepartner nicht einigen können, kann das Familiengericht **eine Wohnungszuweisung** vornehmen. Das bedeutet: Einer der Ehepartner darf in der Immobilie wohnen bleiben, der andere muss ausziehen – auch wenn beide Eigentümer sind. Dies geschieht aus Gründen der Billigkeit oder zum Schutz von Kindern, nicht zur Eigentumsübertragung. Die Wohnungszuweisung ist in der Regel **befristet auf die Trennungszeit** und betrifft nur die Nutzung, nicht das Eigentum.

» Nach der Trennung bleibt die Mutter mit den Kindern im gemeinsamen Haus wohnen, während der Vater auszieht. Er bleibt Eigentümer, kann aber für die Dauer der Nutzung eine **Nutzungsentschädigung** verlangen. Diese wiederum kann mit Unterhaltsansprüchen der Mutter aufgerechnet werden.

Nutzungsentschädigung (§ 1361b Abs. 3 BGB)

Zieht ein Ehepartner aus und bleibt der andere allein im Haus, kann der ausgezogene Partner für die Zeit der alleinigen Nutzung eine

Nutzungsentschädigung verlangen. Diese wird meist **an der ortsüblichen Miete** orientiert, reduziert um Faktoren wie Instandhaltungspflichten oder Schuldenlast. Die Höhe kann individuell vereinbart oder gerichtlich festgelegt werden.

» **Praxisbeispiel**

Bleibt ein Ehepartner nach Trennung allein im Haus und zahlt keine Miete, während der andere weiter den Kredit tilgt, wird regelmäßig ein Ausgleich über die Nutzungsentschädigung vorgenommen.

Wirtschaftliche Gerechtigkeit entsteht nicht automatisch durch das Gesetz, sondern durch **bewusste Gestaltung:**

- **Klare Eigentumsverhältnisse** beim Kauf festhalten
- **Ehevertragliche Regelung** zu Wertausgleich, Tilgungsbeteiligung und Nutzung
- **Transparente Finanzplanung,** auch in guten Zeiten
- **Gemeinsame Entscheidungen** über Kredite, Umbauten, Investitionen

Ein Haus kann Geborgenheit schenken – oder zur juristischen Front werden. Ob es am Ende als Zuhause oder als Zankapfel endet, hängt davon ab, ob die Partner frühzeitig über Eigentum, Verantwortung und Fairness gesprochen haben.

3.7 Gütertrennung, modifizierte Zugewinngemeinschaft & Co.

Neben der gesetzlichen Zugewinngemeinschaft gibt es Alternativen:

- **Gütertrennung:** Jeder behält, was er oder sie erwirtschaftet. Kein Ausgleich bei Scheidung. Klingt fair, ist aber für den weniger verdienenden Partner riskant – meist die Frau.

- **Modifizierte Zugewinngemeinschaft:** Das flexibelste Modell. Paare können anpassen, wie Vermögen und Risiken verteilt werden (z.B. bestimmte Vermögenswerte vom Ausgleich ausschließen oder Care-Arbeit besonders absichern).
- **Gütergemeinschaft:** Heute selten gewählt. Hier gehört alles beiden gemeinsam – inklusive Risiken und Schulden. Für Unternehmer oder Selbstständige oft gefährlich.

Das deutsche Familienrecht kennt verschiedene Güterstände – also rechtliche Modelle, die regeln, **wem was gehört** und **wie Vermögen bei Scheidung oder Tod verteilt wird.**

Die gesetzliche Voreinstellung ist die **Zugewinngemeinschaft** – sie gilt automatisch, wenn kein Ehevertrag geschlossen wurde.

Doch Paare können sich bewusst für andere Modelle entscheiden – um ihre wirtschaftliche Situation, ihre Lebensplanung oder ihre beruflichen Risiken besser abzubilden.

Dieses Kapitel zeigt die wichtigsten Alternativen und erklärt, warum »fair« nicht immer dasselbe bedeutet wie »gerecht«.

3.7.1 Gütertrennung – klare Trennung mit klaren Risiken

Die **Gütertrennung** (§ 1414 BGB) bedeutet: Jeder behält, was er oder sie verdient, besitzt oder während der Ehe erwirbt. Bei einer Scheidung findet **kein Vermögensausgleich** statt. Was getrennt begonnen wurde, endet auch getrennt.

Vorteile:

- Einfaches Modell ohne Ausgleichsberechnungen.
- Keine Vermischung von Vermögenswerten – klarer Schutz bei unternehmerischen Risiken.
- Gut geeignet für Paare, bei denen beide wirtschaftlich unabhängig sind und etwa gleich viel verdienen.

Nachteile:

- Kein Ausgleich bei wirtschaftlicher Ungleichheit – etwa wenn einer wegen Kinderbetreuung oder Teilzeit zurücksteckt.
- Kein Schutz vor Altersarmut oder Rentenlücken.
- Erhöhter Druck auf den weniger verdienenden Partner, selbstständig für Vermögen und Vorsorge zu sorgen.

Typischer Irrtum:

Viele halten Gütertrennung für »modern« oder »selbstbestimmt«. Tatsächlich schützt sie meist den wirtschaftlich Stärkeren – und gefährdet die finanzielle Sicherheit des anderen.

» Ein Unternehmerpaar entscheidet sich aus steuerlichen Gründen für Gütertrennung. Nach 15 Jahren Ehe und zwei Kindern hat die Frau zugunsten der Familie ihre Arbeit reduziert. Bei der Scheidung steht sie mit kaum Ersparnissen da – der Ehemann behält alles, was er aufgebaut hat. Was anfangs nach »Fairness« klang, wird zur existenziellen Schieflage.

3.7.2 Modifizierte Zugewinngemeinschaft – die flexible Lösung

Die **modifizierte Zugewinngemeinschaft** ist das Schweizer Taschenmesser unter den Güterständen: Sie kombiniert den gesetzlichen Ausgleichsgedanken mit individueller Freiheit. Paare können festlegen, **welche Vermögenswerte in den Zugewinn einfließen** – und **welche ausgeschlossen** bleiben sollen.

Typische Gestaltungsmöglichkeiten:

- **Unternehmensbeteiligungen oder Betriebsvermögen** vom Zugewinnausgleich ausnehmen, um eine Zerschlagung des Unternehmens zu verhindern.
- **Care-Arbeit** ausdrücklich berücksichtigen, etwa durch pauschale Ausgleichs- oder Abfindungsklauseln.

- **Schulden** oder bestimmte Wertzuwächse ausschließen.
- **Erbschaften und Schenkungen** gezielt behandeln (z.B. teilweise in den Ausgleich einbeziehen).

Vorteile:

- Individuell anpassbar – zwischen wirtschaftlichem Schutz und partnerschaftlicher Gerechtigkeit.
- Vermeidet das Risiko der Totaltrennung (wie bei Gütertrennung).
- Ermöglicht faire Regelungen bei einseitiger Arbeits- oder Vermögensverteilung.

Nachteile:

- Erfordert anwaltliche Beratung und notarielle Beurkundung.
- Komplexer zu formulieren, da viele Einzelfragen geregelt werden müssen.
- Bei unsauberer Gestaltung kann der gewünschte Schutz ins Gegenteil umschlagen.

» Eine Ärztin und ein Ingenieur schließen eine modifizierte Zugewinngemeinschaft. Das Praxisvermögen der Ärztin wird vom Ausgleich ausgenommen, Care-Arbeit in den ersten fünf Jahren nach Geburt der Kinder mit einem jährlichen Ausgleich von 10.000 € bewertet. Beide behalten ihre berufliche Sicherheit – ohne dass einer im Fall der Trennung leer ausgeht.

3.7.3 Gütergemeinschaft – alles gemeinsam, auch die Risiken

Die **Gütergemeinschaft** (§§ 1415 ff. BGB) ist das älteste, aber heute am seltensten gewählte Modell. Hier verschmilzt das Vermögen beider Ehepartner zu einer **Gesamtmasse** – dem sogenannten **Gesamtgut.** Was einer besitzt, gehört ab Eheschließung beiden.

Vorteile:

- Vollständige wirtschaftliche Einheit: alles gemeinsam, keine Trennung von »mein« und »dein«.
- Theoretisch gerecht bei exakt gleicher Verantwortung und Beitragsverteilung.

Nachteile:

- Beide haften gemeinsam für Schulden, auch wenn nur einer sie verursacht hat.
- Verwaltung ist kompliziert – jede Verfügung über Gesamtgut erfordert Zustimmung des anderen (§ 1422 BGB).
- Für Selbstständige und Unternehmer hochriskant, weil das gesamte Familienvermögen haftet.

» Ein Ehepaar in Gütergemeinschaft betreibt ein kleines Café. Als das Geschäft in finanzielle Schieflage gerät, haftet auch der Ehepartner mit, obwohl er dort nie gearbeitet hat. Das Familienvermögen ist gefährdet – das Modell, das alles vereinen sollte, wird zur gemeinsamen Haftungsfalle.

3.7.4 Vergleich der Modelle – Überblick und Entscheidungshilfe

Modell	Vermögensaufteilung	Vermögensausgleich bei Scheidung	Risiko für wirtschaftlich Schwächeren	Geeignet für
Zugewinngemeinschaft (gesetzlich)	Jeder behält sein Eigentum	Ja – Ausgleich des Zugewinns	Mittel	Paare ohne besonderen Anpassungsbedarf
Gütertrennung	Strikte Trennung	Nein	Hoch	Paare mit gleich hohem Einkommen oder Risikoberufen

Modell	Vermögens-aufteilung	Vermögens-ausgleich bei Scheidung	Risiko für wirtschaftlich Schwächeren	Geeignet für
Modifizierte Zugewinn-gemeinschaft	Nach Vereinbarung	Teilweise, individuell geregelt	Niedrig bis mittel	Paare mit ungleichen Einkommen, Unternehmerinnen, Familien mit Care-Arbeit
Güter-gemeinschaft	Alles gehört beiden	Entfällt (Gesamtgut)	Hoch	Traditionelle oder vermögensgleiche Paare, selten sinnvoll

Welcher Güterstand der richtige ist, hängt nicht von der Romantik, sondern von der **Lebensrealität** ab: Einkommen, Vermögen, Unternehmertum, Familienplanung, Care-Arbeit, Kinder, Altersvorsorge. Das Gesetz bietet einen Rahmen – aber keine Gerechtigkeit.

Ein Ehevertrag ist kein Symbol für Misstrauen, sondern für Bewusstsein: Er sagt, dass beide Partner wissen, **was sie gemeinsam aufbauen – und wie sie sich gegenseitig schützen wollen,** falls das Leben einen anderen Plan hat.

3.7.5 Was wann sinnvoll ist – mit Beispielrechnung

Manchmal hilft keine Theorie, sondern ein Blick auf die Zahlen. Denn was auf dem Papier »gerecht« klingt, kann in der Realität ganz unterschiedlich wirken – je nachdem, welcher Güterstand gilt. Das folgende Beispiel zeigt, wie stark sich das Ergebnis verändert, wenn Paare unterschiedliche rechtliche Modelle wählen.

Ausgangssituation

Ein Paar heiratet ohne Ehevertrag – also in Zugewinngemeinschaft.

Die Vermögensverhältnisse entwickeln sich wie folgt:

- **Anfangsvermögen Mann:** 10.000 €
- **Anfangsvermögen Frau:** 0 €
- **Endvermögen Mann:** 210.000 €
- **Endvermögen Frau:** 20.000 €

Zugewinn Mann: 200.000 €

Zugewinn Frau: 20.000 €

Differenz: 180.000 €

Nach dem Gesetz steht der Frau die **Hälfte der Differenz,** also **90.000 €,** als Zugewinnausgleich zu. Auf den ersten Blick wirkt das fair – beide profitieren von dem, was in der Ehe gemeinsam aufgebaut wurde. Doch diese Rechnung funktioniert **nur, solange das Vermögen am Ende tatsächlich noch da ist.**

Zugewinngemeinschaft – das Standardmodell

Das obige Beispiel entspricht der gesetzlichen Regelung. Beide behalten ihr Eigentum, aber der Zugewinn wird am Ende hälftig geteilt.

Vorteil:

Die wirtschaftliche Entwicklung während der Ehe wird ausgeglichen – wer weniger verdient hat, profitiert anteilig mit.

Nachteil:

Das Gesetz schützt nur das, was **am Stichtag der Trennung** vorhanden ist. Wenn der Vermögensstarke kurz vor der Scheidung große Ausgaben tätigt oder Vermögen verschenkt, kann der Ausgleich ins Leere laufen.

» Würde der Mann das Haus im Wert von 200.000 € kurz vor der Trennung verkaufen und das Geld für eine Weltreise ausgeben, gäbe es nichts mehr zu teilen. Juristisch korrekt – moralisch fragwürdig. Illoyale Vermögensverfügungen (§ 1375 BGB) lassen sich zwar anfechten, sind aber schwer zu beweisen.

Gütertrennung – klare Linie, kein Ausgleich

In der **Gütertrennung** bleibt alles vollständig getrennt.

Die gleiche Entwicklung wie oben führt hier zu einem völlig anderen Ergebnis:

- Mann behält sein Endvermögen von 210.000 €.
- Frau behält ihr Endvermögen von 20.000 €.
- Es gibt keinen Ausgleich.

Was bei vermögensgleichen Paaren fair wirken kann, führt bei wirtschaftlich ungleichen Ehen schnell zu Ungerechtigkeit.

» Die Frau hat wegen Kinderbetreuung ihre Karriere pausiert und keine Rücklagen gebildet. Nach der Scheidung steht sie mit 20.000 € da, während der Mann 210.000 € behält. Das Gesetz greift hier nicht ein – die Ehe hat keinen finanziellen Schutz geboten.

Gütertrennung schützt Eigentum, aber nicht Menschen. Sie ist nur sinnvoll, wenn beide Partner finanziell stark, unabhängig und gleich aufgestellt sind – oder wenn besondere berufliche Risiken (z.B. unternehmerische Haftung) bestehen.

Modifizierte Zugewinngemeinschaft – Fairness nach Maß

Die **modifizierte Zugewinngemeinschaft** ermöglicht individuelle Gerechtigkeit.

Paare können im Ehevertrag festlegen, **was** ausgeglichen wird – und wie.

Im Beispiel könnten die Partner zum Beispiel vereinbaren:

- dass Care-Arbeit mit einem jährlichen Ausgleichsbetrag berücksichtigt wird,
- dass bestimmte Vermögenswerte (z.B. das Unternehmen des Mannes) vom Ausgleich ausgeschlossen sind,
- oder dass der Zugewinnausgleich **anteilig** erfolgt, zum Beispiel nur zu 70 %, wenn einer ein höheres Risiko trägt.

» **Beispielrechnung**

Wird im Vertrag ein **Ausgleich von 70 % der Differenz** vereinbart, erhält die Frau:

180.000 € × 0,5 × 0,7 = **63.000 €.**

Damit bleibt die Balance gewahrt – fair, aber wirtschaftlich tragfähig.

Vorteil: Flexible Gestaltung, Schutz für beide Seiten, planbare Fairness.

Nachteil: Nur wirksam mit anwaltlicher Beratung und notarieller Beurkundung – und nur, wenn beide ehrlich über ihre Vermögenslage sprechen.

Gütergemeinschaft – alles gemeinsam, auch das Risiko

Würden die Partner in **Gütergemeinschaft** leben, würde sämtliches Vermögen (Anfangs- und Endvermögen) zu einer **Gesamtmasse** verschmelzen. Beide besitzen und haften gemeinsam.

» Das gemeinsame Gesamtvermögen am Ende beträgt 230.000 €.

Beide haben darauf denselben Anspruch – je **115.000 €,** unabhängig davon, wer was erwirtschaftet hat.

Vorteil: Maximale Gleichstellung – alles gehört beiden.

Nachteil: Auch alle Schulden gehören beiden. Würde der Mann zum Beispiel 100.000 € Unternehmenskredit aufnehmen, haftet die Frau automatisch mit. Für Selbstständige und Unternehmerinnen ist das Modell daher ein **wirtschaftliches Risiko.**

Gütergemeinschaft schafft totale Einheit – und totale Haftung. Kaum ein Modell führt schneller zu Streit, wenn finanzielle Probleme entstehen.

Wann welches Modell sinnvoll ist

Lebenssituation	Empfohlener Güterstand	Warum
Beide verdienen ähnlich, keine Kinder, kein großes Vermögen	Zugewinngemeinschaft (gesetzlich)	Einfach, fair und ohne Mehraufwand
Ein Partner ist Unternehmerin oder selbstständig	Modifizierte Zugewinngemeinschaft	Schutz des Betriebsvermögens, trotzdem fairer Ausgleich
Ein Partner übernimmt Care-Arbeit oder reduziert beruflich	Modifizierte Zugewinngemeinschaft mit Ausgleichsklauseln	Absicherung von unbezahlter Arbeit
Beide wirtschaftlich unabhängig und risikobewusst	Gütertrennung	Klare Trennung, kein Ausgleich nötig
Traditionelles Modell mit gemeinsamen Vermögen	Gütergemeinschaft	Einheitlich, aber nur bei völliger Gleichberechtigung sinnvoll

Der richtige Güterstand hängt nicht von der Steuerklasse oder der Romantik ab, sondern davon, **wie Paare ihr Leben tatsächlich leben** – wer verdient, wer Care-Arbeit leistet, wer Risiken trägt. Das Gesetz bietet Schablonen, aber keine Lösungen für individuelle Lebensmodelle. Ein Ehevertrag ist deshalb keine Misstrauenserklärung, sondern ein Akt der Klarheit. Er sagt: »Wir wissen, was wir wollen – und wir wollen, dass es fair bleibt.«

Die Zugewinngemeinschaft ist kein schlechtes Modell – aber sie ist **kein Garant für Gerechtigkeit.** Das Gesetz will Ausgleich schaffen, doch in der Praxis entsteht Fairness nur, wenn beide Partner **ähnliche Chancen, Einkommen und Vorsorge** haben. Und genau das ist in vielen Beziehungen nicht der Fall. Besonders dort, wo **Care-Arbeit ungleich verteilt** ist, entstehen Lücken: Einer verdient Geld, der andere hält das Leben am Laufen. Doch am Ende zeigt sich: Das Konto eines Partners ist gewachsen – das des anderen nicht. Ein **gut gestalteter Ehevertrag** kann diese Lücken schließen, ohne Misstrauen zu säen. Er ist kein »Plan B für den Notfall«, sondern ein **Werkzeug für Gerechtigkeit im Alltag.** Er sorgt dafür, dass beide Partner sichtbar, abgesichert und respektiert bleiben – unabhängig davon, wer gerade wie viel verdient.

3.8 Was eine faire Gestaltung leisten kann

Ein klug formulierter Ehevertrag kann gezielt die Schwachstellen der Zugewinngemeinschaft ausgleichen – mit klaren, fairen Regeln.

Mögliche Gestaltungselemente:

- **Bonusregelungen für Care-Arbeit:**

  Wer in Elternzeit geht oder seine Arbeitszeit reduziert, erhält pro Jahr eine festgelegte Kompensation oder Beteiligung am Vermögensaufbau.

- **Ausschluss bestimmter Risiken:**

  Unternehmensanteile, Betriebsvermögen oder riskante Investitionen können vom Zugewinnausgleich ausgeschlossen werden – so bleibt das Geschäftsrisiko beim Unternehmer, ohne dass der andere Partner leer ausgeht.

- **Klare Absprachen zu Immobilien:**

  Wird ein Haus nur auf einen Partner eingetragen, kann der andere im Vertrag eine anteilige Ausgleichsklausel oder ein Wohnrecht erhalten.

- **Regelungen zur Altersvorsorge:**
  Beide verpflichten sich, jährlich einen festen Betrag in private oder betriebliche Rentenversicherungen einzuzahlen – auch als Ausgleich für Teilzeitphasen.

So wird aus einem abstrakten Gesetz ein Werkzeug für **echte Gleichberechtigung** – individuell, planbar und partnerschaftlich.

» **Sabine & Markus**

Sabine und Markus heiraten jung. Nach dem Studium arbeitet Sabine fünf Jahre Vollzeit, bekommt dann zwei Kinder und reduziert ihre Arbeitszeit auf 20 Stunden pro Woche. Markus bleibt im Job, macht Karriere, wird Abteilungsleiter. Gemeinsam kaufen sie ein Haus – auf **Markus' Namen,** weil er den Kreditvertrag unterschreibt.

Nach 15 Jahren kommt die Trennung. Sabine hat kaum Ersparnisse, ihre Rentenanwartschaften sind gering. Markus besitzt das Haus (Wert: 400.000 €) und ein gut gefülltes Depot.

Im Zugewinnausgleich wird berechnet, **wie viel Markus während der Ehe hinzugewonnen hat.** Er muss Sabine einen Teil abgeben – aber nur von dem, was am Ende noch da ist.

Das Ergebnis:

Sabine erhält einen Zugewinnausgleich, aber ihre **verpasste Karriere, die Teilzeitjahre und die entgangene Immobilienbeteiligung** bleiben unberücksichtigt.

Das Gesetz erkennt ihre Care-Arbeit indirekt an – aber nicht in voller Höhe. Ihr Beitrag war emotional und organisatorisch unbezahlbar, aber rechtlich kaum bezifferbar.

Wäre ein Ehevertrag geschlossen worden, hätte man diese Lücke gezielt schließen können: zum Beispiel durch eine jährliche Bonusregelung, eine anteilige Immobilienbeteiligung oder eine Vorsorgeverpflichtung für beide Partner.

3.9 Reflexionsfragen für Paare

Manche Fragen sind unbequem – aber heilsam. Diese vier Fragen öffnen die Augen für finanzielle Realitäten in Beziehungen.

1. **Wem »gehört« unser Vermögen tatsächlich – rechtlich, nicht gefühlt?**

   Stehen wir beide im Grundbuch oder auf den Konten? Oder nur einer?

2. **Wie sähe es aus, wenn wir uns heute trennen würden?**

   Wer hätte welche Rücklagen, welche Absicherung, welche Schulden?

3. **Ist uns bewusst, dass Care-Arbeit im Zugewinnausgleich nur indirekt berücksichtigt wird?**

   Dass Teilzeit, Elternzeit und unbezahlte Familienarbeit keine finanziellen Werte schaffen – aber oft verhindern, dass der andere Partner Vermögen verliert?

4. **Haben wir klare Vereinbarungen getroffen – oder vertrauen wir auf »das Gesetz«?**

   Vertrauen ist gut, Transparenz ist besser.

! Diese Fragen ehrlich zu beantworten – am Küchentisch, nicht im Gerichtssaal – kann der Anfang einer wirklich gleichberechtigten Beziehung sein.

So funktioniert die Zugewinngemeinschaft in vier Schritten

Die Zugewinngemeinschaft ist einfach erklärt – und komplex in der Wirkung.

So funktioniert sie im Kern:

1. **Anfangsvermögen** beider Partner zum Zeitpunkt der Eheschließung feststellen.

2. **Endvermögen** zum Zeitpunkt der Trennung oder Scheidung ermitteln.
3. **Differenz** zwischen Anfangs- und Endvermögen = Zugewinn.
4. Der Partner mit dem höheren Zugewinn muss **die Hälfte der Differenz** an den anderen ausgleichen.

Wichtig:

Nur **vorhandenes Vermögen** zählt. Ist es verbraucht, verschenkt oder »verreist«, gibt es nichts mehr auszugleichen – auch wenn das ungerecht wirkt.

Das Gesetz kann vieles – aber nicht alles. Es sorgt für Ordnung, nicht für Fairness.

Deshalb ist ein Ehevertrag keine juristische Spielerei, sondern eine bewusste Entscheidung für Augenhöhe, Transparenz und Verantwortung.

4 Care-Arbeit ist Arbeit. Punkt.

Wie man unbezahlte Familienarbeit rechtlich absichert.

Frühstück machen. Brotdosen packen. Kita-Pläne checken. Wäsche waschen. Arzttermine koordinieren. Geburtstagsgeschenke besorgen. Care-Arbeit – das ist die Arbeit, die nie endet, keinen Feierabend kennt und trotzdem kaum jemand sieht. In Deutschland leisten laut **Statistischem Bundesamt** (2023) Frauen durchschnittlich **52 % mehr unbezahlte Sorgearbeit** als Männer. Das entspricht **rund 4 Stunden und 13 Minuten täglich** – zusätzlich zur Erwerbsarbeit. Männer leisten im Schnitt 2 Stunden 46 Minuten. Umgerechnet sind das **rund 90 unbezahlte Arbeitstage pro Jahr,** die gesellschaftlich schlicht **unsichtbar** bleiben. Das **Deutsche Institut für Wirtschaftsforschung (DIW)** schätzt den ökonomischen Gegenwert dieser unbezahlten Arbeit auf **mehr als 830 Milliarden Euro jährlich** – das entspricht etwa **40 % des Bruttoinlandsprodukts.** Würde man Care-Arbeit entlohnen, läge ihr fiktiver Stundenlohn laut DIW bei etwa **23 €.** Ohne Care-Arbeit funktioniert kein Wirtschaftssystem. Aber wer sie leistet, fällt durchs Raster. Care-Arbeit ist die unsichtbare Infrastruktur der Gesellschaft – und gleichzeitig einer der Hauptgründe, warum finanzielle Gleichberechtigung in Partnerschaften noch immer Wunschdenken ist. Denn wer zu Hause den Laden am Laufen hält, ermöglicht dem anderen überhaupt erst Karriere, Einkommen, Vermögensaufbau. Trotzdem findet Care-Arbeit auf keinem Gehaltszettel statt, in keinem Rentenbescheid, auf keinem Kontoauszug. Sie ist systemrelevant – aber systematisch unbezahlt. Würde der Mann die Frau tatsächlich in Geld für ihre Arbeit entlohnen müssen, könnte er sich diesen »Luxus« überhaupt nicht leisten.

Beispielrechnung: Die Frau leistet täglich ca. 4 Stunden Care-Arbeit. Dies, anders als in allen anderen Erwerbsjobs, natürlich 365 Tage im Jahr. Der Durchschnittslohn hierfür beträgt 23 € pro Stunde.

365 Tage × 4 Stunden = 1.460 Stunden

1.460 Stunden × 23 € = 33.580 € pro Jahr

4.1 Warum Care-Arbeit unterschätzt wird

Die Abwertung von Care-Arbeit hat viele Gesichter – gesellschaftliche, emotionale, ökonomische. Vor allem aber hat sie eine Konstante: Sie gilt als selbstverständlich.

»Sie macht das halt gern.«

Noch immer wird Care-Arbeit mit Fürsorge verwechselt. Wer sich kümmert, »tut das aus Liebe«. Doch Liebe rechtfertigt keine strukturelle Abhängigkeit.

Unsichtbarkeit im Alltag

Niemand führt Stundenzettel für die 17. Waschladung, das Elternabend-Protokoll oder die Recherche nach dem besten Inhalationsgerät für das kranke Kind. Unbezahlte Arbeit wird zur unsichtbaren Normalität, weil sie nicht messbar ist – und nicht bezahlt wird.

Fehlende monetäre Anerkennung

Kein Gehalt. Keine Boni. Keine Rentenpunkte. Während der eine Partner Karriere macht, »verliert« der andere Jahre an Einkommens- und Rentenaufbau. Das Ergebnis: **Frauen haben in Deutschland laut BMFSFJ** (Bundesministerium für Familie, Senioren, Frauen und Jugend) **rund 49 % weniger Vermögen im Alter als Männer** – trotz gleicher Lebensleistung.

4.2 Mental Load – die unsichtbare Denkarbeit

Care-Arbeit ist körperlich und organisatorisch anstrengend. Doch die unsichtbarste Form davon ist der **Mental Load** – die ständige Denkarbeit, das unsichtbare Projektmanagement des Familienlebens.

Mental Load heißt:

- an alles denken,
- alles im Blick behalten,
- und gleichzeitig so zu tun, als wäre es selbstverständlich.

Studien zeigen: **Über 70 % der Frauen** übernehmen in Partnerschaften die Hauptverantwortung für Organisation und Planung im Haushalt – unabhängig davon, ob sie berufstätig sind oder nicht. Das betrifft Arzttermine, Geburtstagsgeschenke, Wäschezyklen, Essensplanung, Schulorganisation – kurz: das unsichtbare Management des Alltags.

Diese kognitive Dauerbelastung führt nicht nur zu **Erschöpfung, Stress und Burn-out,** sondern auch zu **ökonomischer Abhängigkeit.** Denn wer ständig den Mental Load trägt, hat weniger Raum für Weiterbildung, Karriereplanung, Investitionen oder finanzielle Selbstständigkeit.

Rechtliche Nichtanerkennung – und ihre Folgen

Das Familienrecht erkennt Care-Arbeit nur indirekt an – meist erst, wenn die Beziehung endet. Dann, wenn es zu spät ist.

4.2.1 Betreuungsunterhalt (§ 1570 BGB)

Nach einer Trennung hat der betreuende Elternteil Anspruch auf Unterhalt – aber **nur befristet** und **abhängig vom Alter des Kindes.** Spätestens wenn das jüngste Kind drei Jahre alt ist, beginnt die rechtliche Erwartung, wieder zu arbeiten.

4.2.2 Zugewinnausgleich (§§ 1363 ff. BGB)

Er berücksichtigt nur, was **am Ende der Ehe noch an Vermögen vorhanden ist.** Wer über Jahre Care-Arbeit geleistet hat, hat zwar zum Erfolg des anderen beigetragen – bekommt aber nur, was übrig bleibt.

4.2.3 Versorgungsausgleich (§§ 1587 ff. BGB)

Er teilt Rentenanwartschaften auf, aber **nur, was tatsächlich eingezahlt wurde.** Teilzeit, Minijobs, unbezahlte Familienphasen – all das führt zu geringeren Anwartschaften und langfristiger Altersarmut. Die Folge: Wer sich um Kinder, Haushalt oder Pflege kümmert, **sichert das System – aber nicht sich selbst.** Laut einer Studie des DIW (2022) beträgt die durchschnittliche monatliche Rente von Frauen **818 €,** die von Männern **1.154 €.** Das ist eine **Gender Pension Gap von 29 %.**

4.3 Care-Arbeit absichern: Modelle & Ideen

Ein Ehevertrag kann Care-Arbeit sichtbar machen – und rechtlich absichern. Das Ziel ist nicht Kontrolle, sondern **Anerkennung.** Hier einige erprobte und praxistaugliche Modelle:

4.3.1 Ausgleichszahlungen

Der Partner, der durch die Care-Arbeit des anderen beruflich profitiert, leistet eine **jährliche Kompensation** – zum Beispiel durch Einzahlungen auf ein gemeinsames Depot oder eine separate Altersvorsorge.

» 3.000 € jährlich während Elternzeit → 9 Jahre = 27.000 € zusätzliches Eigenkapital.

4.3.2 Renten-Top-up

Der erwerbstätige Partner zahlt freiwillig in die **gesetzliche oder private Rentenversicherung** des Care-Partners ein.

» 250 € monatlich → über 10 Jahre = 30.000 € zusätzlicher Rentenanspruch.

4.3.3 Bonusregelungen für Familienarbeit

Care-Arbeit wird wie ein »fiktives Gehalt« behandelt.

» 10.000 € Abfindung pro Jahr Elternzeit oder Pflegezeit bei Scheidung.

Merke: Für echte Gleichberechtigung ist eine monatliche Zahlung noch viel wirksamer, da die finanzielle »Verantwortung« von beiden gleichermaßen gelebt werden kann. Dies führt nicht nur zu weniger Streit im Alltag, sondern ganz einfach dazu, dass Frau ihr Geld selbst verwalten kann. Frauen sind ja ohnehin die besseren Anlegerinnen!

Monatlicher Care-Ausgleich: Wie finanzielle Gleichberechtigung konkret gelebt werden kann

Gleichberechtigung scheitert in vielen Beziehungen nicht an mangelnder Liebe, sondern an fehlender Übersetzung in den Alltag. Besonders deutlich wird das bei Care-Arbeit. Während Erwerbsarbeit regelmäßig vergütet wird, bleibt Sorgearbeit unsichtbar – obwohl sie Zeit, Energie und berufliche Chancen kostet. Wer den Großteil der Care-Arbeit übernimmt, reduziert häufig die eigene Erwerbstätigkeit oder verzichtet ganz darauf. Die finanzielle Abhängigkeit entsteht schleichend, oft ohne bewusste Entscheidung.

Ein wirksames Instrument, um diese Schieflage zu vermeiden, ist eine **monatliche Ausgleichszahlung.** Sie verfolgt ein klares Ziel: Der erwerbsarbeitende Teil beteiligt den Care-arbeitenden Teil regelmäßig finanziell an dem gemeinsamen Lebensmodell. Nicht als Almosen, sondern als Anerkennung einer gleichwertigen Leistung. Diese Zahlung schafft finanzielle Eigenständigkeit, ermöglicht Vermögensaufbau und signalisiert Wertschätzung dort, wo das Gesetz sie bislang nur unzureichend abbildet.

Der Gedanke dahinter ist einfach: Wenn eine Person ihre Arbeitskraft überwiegend in die Familie einbringt und dadurch dem anderen überhaupt erst ermöglicht, Einkommen zu erzielen, dann ist es fair, diesen Vorteil zu teilen – nicht erst am Ende der Ehe, sondern laufend.

In der Praxis kann eine solche Ausgleichszahlung sehr unterschiedlich ausgestaltet werden. Entscheidend ist nicht die Höhe, sondern die Haltung dahinter: Care-Arbeit wird als gleichwertiger Beitrag zur gemeinsamen Lebensführung verstanden.

In **klassischen Konstellationen** reduziert ein Elternteil – häufig die Mutter – nach der Geburt eines Kindes die Arbeitszeit deutlich oder steigt zeitweise ganz aus dem Beruf aus. Der andere Elternteil bleibt in Vollzeit, erzielt Einkommen, zahlt in Renten- und Vorsorgesysteme ein und baut Vermögen auf. Eine monatliche Ausgleichszahlung kann hier als fixer Betrag vereinbart werden, der dem Care-arbeitenden Teil zur freien Verfügung steht. Dieses Geld gehört ausschließlich ihm oder ihr. Es kann gespart, investiert oder für eigene Absicherung verwendet werden. Juristisch sinnvoll ist es, diese Zahlung entweder vertraglich festzuschreiben oder zumindest klar als Care-Ausgleich zu definieren, um spätere Streitigkeiten zu vermeiden.

Auch bei **Teilzeitmodellen** bietet sich ein monatlicher Ausgleich an. Reduziert eine Person dauerhaft auf zwanzig oder dreißig Stunden, während die andere voll arbeitet, entsteht nicht nur ein Einkommensunterschied, sondern auch ein langfristiger Karriere- und Rentennachteil. Ein monatlicher Ausgleich kann hier an die Differenz der Arbeitszeit oder des Einkommens anknüpfen. Ziel ist nicht mathematische Perfektion, sondern ein spürbarer Ausgleich, der verhindert, dass eine Person dauerhaft wirtschaftlich zurückfällt.

Besonders relevant ist dieses Modell auch bei **Selbstständigen oder Unternehmerinnen.** Häufig übernimmt ein Partner die gesamte familiäre Organisation, um dem anderen unternehmerische Freiheit, Flexibilität und zeitliche Entlastung zu ermöglichen. Der wirtschaftliche Erfolg wird dann gesellschaftsrechtlich oder steuerlich dem Unternehmen zugerechnet – nicht aber der Care-Leistung. Eine monatliche Ausgleichszahlung schafft hier eine private Kompensation für eine Leistung, die sonst unsichtbar bleibt. Sie kann zusätzlich mit einer Altersvorsorgeverpflichtung kombiniert werden, etwa durch regelmäßige Einzahlungen in eine private Rentenversicherung oder einen ETF-Sparplan auf den Namen des Care-arbeitenden Partners.

Auch in **Pflegesituationen** gewinnt der monatliche Ausgleich an Bedeutung. Übernimmt eine Person die Pflege von Angehörigen, reduziert Termine, verzichtet auf Aufträge oder steigt beruflich kürzer, entstehen ähnliche Nachteile wie bei Kinderbetreuung. Ein laufender finanzieller Ausgleich kann hier helfen, die Belastung nicht nur emotional, sondern auch wirtschaftlich fair zu verteilen. Gerade in diesen Konstellationen wirkt die Zahlung entlastend, weil sie signalisiert: Diese Arbeit wird gesehen, nicht als private Gefälligkeit, sondern als gemeinsamer Beitrag.

Wichtig ist, dass eine monatliche Ausgleichszahlung nicht mit Unterhalt verwechselt wird. Sie ist **keine Zahlung aus Bedürftigkeit,** sondern aus Gleichwertigkeit. Sie setzt nicht erst bei Trennung oder Scheidung an, sondern während der Beziehung. Damit unterscheidet sie sich grundlegend vom gesetzlichen Unterhaltsrecht, das oft spät greift, befristet ist und viele Lebensrealitäten nicht abbildet.

Rechtlich kann der monatliche Care-Ausgleich auf unterschiedliche Weise abgesichert werden. In einer Ehe bietet sich eine klare Regelung im Ehevertrag an, etwa als laufende Zahlung oder als Kombination aus Zahlung und Vorsorgeleistung. Bei unverheirateten Paaren kann ein Partnerschaftsvertrag denselben Zweck erfüllen. Wichtig ist, die Zahlung eindeutig als Ausgleich für Care-Arbeit zu definieren und sie vom klassischen Unterhalt abzugrenzen. So bleibt sie auch im Trennungsfall rechtlich nachvollziehbar.

Psychologisch entfaltet der monatliche Ausgleich eine Wirkung, die über Geld hinausgeht. Er verändert Machtverhältnisse. Wer eigenes Geld zur Verfügung hat, trifft Entscheidungen freier, bleibt handlungsfähig und verliert weniger schnell das Gefühl, »nur noch zu funktionieren«. Gleichzeitig entlastet er den erwerbsarbeitenden Teil von der unausgesprochenen Erwartung, alles allein tragen zu müssen. Aus Abhängigkeit wird Kooperation.

Finanzielle Gleichberechtigung bedeutet nicht, dass beide exakt gleich verdienen müssen. Sie bedeutet, dass niemand durch das gemeinsame Lebensmodell wirtschaftlich unselbstständig wird. Eine monatliche Ausgleichszahlung ist ein pragmatischer, moderner Weg, genau das zu erreichen. Sie macht Care-Arbeit sichtbar, honoriert sie konkret und übersetzt Wertschätzung in Handlung.

Gleichberechtigung beginnt nicht bei der Scheidung, sondern im Monatsrhythmus des Alltags. Wer Care-Arbeit ernst nimmt, wartet nicht auf einen Ausgleich am Ende – sondern schafft ihn dort, wo er gebraucht wird: jetzt.

Monatlicher Care-Ausgleich in Zahlen – so kann er konkret aussehen

Viele Paare fragen an dieser Stelle ganz pragmatisch: „Und wie viel wäre fair?«

Die ehrliche Antwort lautet: Es gibt keinen einen richtigen Betrag. Aber es gibt plausible, nachvollziehbare Modelle, die sich an Einkommen, Arbeitszeit und realem Verzicht orientieren. Entscheidend ist, dass der **Ausgleich regelmäßig, eigenständig verfügbar und nicht zweckgebunden** ist.

Beispiel 1: Klassisches Elternzeit- und Teilzeitmodell

Ein Paar bekommt ein Kind.

Partner A arbeitet weiter in Vollzeit und verdient netto 4.200 € monatlich.

Partner B geht zunächst in Elternzeit und arbeitet anschließend 20 Stunden pro Woche mit einem Nettoeinkommen von 1.600 €.

Partner B übernimmt den überwiegenden Teil der Kinderbetreuung, der Haushaltsorganisation und der Arzttermine. Beruflich verzichtet er oder sie auf Weiterentwicklung, Beförderungen und volle Rentenpunkte.

Ein fairer monatlicher Care-Ausgleich kann hier zum Beispiel so aussehen:

Partner A zahlt zusätzlich zum gemeinsamen Haushaltsbudget monatlich 800 € an Partner B. Dieses Geld steht Partner B zur freien Verfügung und kann gespart, investiert oder für eigene Absicherung genutzt werden.

Ergebnis:

Partner B verfügt monatlich über 2.400 € eigenes Einkommen. Die finanzielle Abhängigkeit wird reduziert, Vermögensaufbau bleibt möglich, und Care-Arbeit wird nicht als »Privatsache«, sondern als gleichwertiger Beitrag behandelt.

Beispiel 2: Orientierung am fiktiven Stundenwert

Care-Arbeit lässt sich zwar nicht exakt messen, aber näherungsweise bewerten. Studien gehen von einem fiktiven Stundenwert von etwa 23 € aus.

Übernimmt eine Person pro Woche rund 20 Stunden zusätzliche Care-Arbeit (Kinderbetreuung, Haushalt, Organisation), ergibt sich folgende Rechnung:

20 Stunden × 23 € = 460 € pro Woche

460 € × 4 Wochen = 1.840 € monatlicher Arbeitswert

Ein Paar kann sich bewusst entscheiden, nicht den vollen Betrag, sondern etwa die Hälfte als monatlichen Ausgleich anzusetzen. In diesem Fall wären das rund 900 € monatlich.

Der Vorteil dieses Modells: Der Ausgleich orientiert sich nicht am Einkommen des anderen, sondern am realen Wert der geleisteten Arbeit.

» Beispiel 3: Einkommensdifferenz-Modell

Ein Partner verdient 6.000 € netto, der andere aufgrund reduzierter Arbeitszeit 2.500 € netto. Die Differenz beträgt 3.500 €.

Einige Paare vereinbaren, einen festen Prozentsatz dieser Differenz als Care-Ausgleich zu zahlen, etwa 25 %.

25 % von 3.500 € = 875 € monatlich

Dieses Modell ist besonders transparent und gut skalierbar, etwa wenn sich Einkommen oder Arbeitszeiten verändern.

» Beispiel 4: Kombination aus Geld und Altersvorsorge

Nicht jede Familie möchte hohe monatliche Ausgleichszahlungen leisten. In diesen Fällen kann ein Kombinationsmodell sinnvoll sein.

Beispiel:

Monatlicher Care-Ausgleich: 500 €

Zusätzlich: 300 € monatlich Einzahlung in eine private Altersvorsorge oder einen ETF-Sparplan auf den Namen des Care-arbeitenden Partners.

So entsteht nicht nur laufende Liquidität, sondern auch langfristige Absicherung. Gerade im Hinblick auf Rentenlücken ist dieses Modell besonders wirkungsvoll.

» **Praxisbeispiel aus der anwaltlichen Beratung**

Laura und Sven sind seit zehn Jahren verheiratet, zwei Kinder.

Laura hat nach der Geburt des ersten Kindes ihre Tätigkeit als Projektmanagerin stark reduziert. Sven arbeitet als Ingenieur in Vollzeit. Beide empfanden ihr Modell lange als »gerecht«, weil sie ja »alles teilen«.

Im Beratungsgespräch wurde erstmals durchgerechnet, was das konkret bedeutet.

Laura verfügte über kein eigenes Vermögen, keine nennenswerte Altersvorsorge und kaum finanzielle Rücklagen. Sven hingegen baute kontinuierlich Rücklagen und Rentenansprüche auf.

Nach anfänglichem Zögern einigten sie sich auf einen monatlichen Care-Ausgleich von 900 € sowie zusätzliche Renteneinzahlungen. Drei Monate später sagte Laura im Folgegespräch: »Zum ersten Mal seit Jahren habe ich wieder das Gefühl, finanziell auf eigenen Füßen zu stehen.« Der Effekt war nicht nur finanziell. Auch die Beziehung entspannte sich spürbar. Geld wurde kein Tabuthema mehr, sondern Teil einer gemeinsamen Verantwortung.

» **Praxisbeispiel: Pflege statt Kinderbetreuung**

Nicht nur Eltern profitieren von einem monatlichen Care-Ausgleich.

In einem weiteren Fall reduzierte Martin seine Arbeitszeit, um die Pflege seiner Mutter zu übernehmen. Seine Partnerin blieb in Vollzeit berufstätig.

Sie vereinbarten einen monatlichen Ausgleich von 700 € sowie die Übernahme seiner Kranken- und Pflegeversicherungsbeiträge. Für beide war entscheidend, dass Pflege nicht als »private Entscheidung« von Martin gewertet wurde, sondern als gemeinsamer Beitrag zum familiären System.

Warum laufender Ausgleich besser ist als spätere Kompensation

Ein häufiger Einwand lautet: »Das gleichen wir später beim Zugewinn aus.«

Die Praxis zeigt jedoch: Spätere Ausgleiche kommen oft zu spät oder fallen geringer aus als gedacht. Vermögen ist verbraucht, Werte sind gesunken oder rechtlich nicht vollständig ausgleichsfähig.

Der monatliche Care-Ausgleich wirkt anders. Er verhindert, dass Ungleichgewicht überhaupt erst entsteht. Er stärkt die Position des Care-arbeitenden Partners im Hier und Jetzt – nicht erst im Trennungsfall.

Reflexions-Tool: Wie fair ist unsere Care- und Finanzverteilung wirklich?

Dieses Reflexions-Tool soll kein schlechtes Gewissen machen. Es soll sichtbar machen, was im Alltag oft untergeht. Am besten nehmen sich beide Partner bewusst Zeit dafür – ohne Zeitdruck, ohne Rechtfertigung, ohne Diskussion im ersten Schritt. Es geht um Ehrlichkeit, nicht um Schuld.

Beginnen Sie mit der nüchternen Bestandsaufnahme.

- Wie viele Stunden pro Woche arbeiten wir jeweils bezahlt?
- Wie viele Stunden pro Woche leisten wir unbezahlte Arbeit – Kinderbetreuung, Haushalt, Organisation, Pflege, emotionale Verantwortung?

Viele Paare sind überrascht, wenn sie diese Zahlen erstmals nebeneinanderlegen. Häufig zeigt sich: Die Gesamtarbeitszeit ist nicht gleich verteilt, sondern verschiebt sich deutlich in Richtung unbezahlter Arbeit bei einer Person.

Im zweiten Schritt geht es um die finanzielle Realität.

- Wer verfügt über eigenes Einkommen?
- Wer baut Vermögen auf?

- Wer zahlt in Altersvorsorge, Rentenpunkte oder private Rücklagen ein?
- Und wer tut das aktuell nicht oder nur eingeschränkt?

Hier entsteht oft das erste Aha-Erlebnis: Auch wenn »alles gemeinsam« gelebt wird, ist die wirtschaftliche Eigenständigkeit sehr unterschiedlich verteilt.

Der dritte Schritt betrifft die Zukunft.

- Was würde passieren, wenn sich unsere Lebenssituation ändert?

Krankheit, Jobverlust, Trennung oder Pflegebedürftigkeit treffen nie »die Beziehung«, sondern immer konkrete Menschen.

- Wer hätte dann finanzielle Handlungsspielräume – und wer nicht?

Abschließend lohnt sich eine ganz einfache, aber entscheidende Frage:

Fühlen wir beide uns mit dieser Verteilung sicher, gesehen und wertgeschätzt?

Wenn einer innerlich zögert, relativiert oder ausweicht, ist das kein Scheitern. Es ist ein Signal. Und genau dafür ist dieses Tool gedacht.

Merksatz:

Gleichberechtigung beginnt nicht mit perfekten Lösungen, sondern mit ehrlichen Fragen.

Nachdem die Situation klarer geworden ist, können Paare überlegen, welches der obigen Modelle zu ihnen passt.

Auswirkungen auf die gemeinsamen Finanzen

Ein monatlicher Care-Ausgleich entfaltet seine Wirkung nur dann wirklich, wenn er in eine klare Kontenstruktur eingebettet ist. Geld, das theoretisch »zusteht«, aber praktisch über ein gemeinsames

Konto läuft oder ständig erklärt werden muss, schafft keine Unabhängigkeit. Deshalb ist die Frage der Kontenorganisation kein Nebenthema, sondern ein zentrales Instrument gelebter Gleichberechtigung.

Besonders bewährt hat sich in der Praxis das sogenannte **3-Konten-Modell.** Es ist einfach, transparent und verbindet Gemeinschaft mit Eigenständigkeit. Der Grundgedanke ist klar: Eine Partnerschaft besteht aus einem gemeinsamen Leben – und aus zwei eigenständigen Personen. Beides verdient einen eigenen finanziellen Raum.

Beim 3-Konten-Modell verfügt jede Person über ein eigenes Konto. Zusätzlich gibt es ein gemeinsames Konto für alles, was das gemeinsame Leben betrifft. Die persönlichen Konten dienen der individuellen finanziellen Freiheit. Hier gehen Gehalt, Care-Ausgleichszahlungen, Nebenverdienste oder sonstige Einnahmen ein. Dieses Geld gehört jeweils ausschließlich der betreffenden Person. Es kann gespart, investiert oder ausgegeben werden, ohne Rechenschaft ablegen zu müssen. Genau hier entsteht finanzielle Unabhängigkeit – nicht als Abgrenzung, sondern als Grundlage von Augenhöhe.

Das gemeinsame Konto ist das Organisationszentrum des Alltags. Von hier werden Miete oder Kredit, Nebenkosten, Lebensmittel, Kinderbetreuung, Versicherungen und andere laufende Gemeinschaftsausgaben bezahlt. Beide Partner zahlen regelmäßig auf dieses Konto ein. Wie hoch diese Einzahlungen sind, ist eine Frage der Fairness, nicht der Mathematik. Viele Paare entscheiden sich für eine prozentuale Beteiligung nach Einkommen. Andere wählen bewusst eine hälftige Lösung, ergänzt durch einen Care-Ausgleich. Wichtig ist nicht das Modell, sondern dass es bewusst gewählt und regelmäßig überprüft wird.

Gerade in Konstellationen mit ungleicher Erwerbsarbeit wirkt das 3-Konten-Modell stabilisierend. Der Care-arbeitende Teil erhält den monatlichen Ausgleich auf das eigene Konto. Dieses Geld wird nicht mit Haushaltskosten verrechnet und nicht »wieder zurückgeführt«.

Es bleibt sichtbar als Anerkennung für geleistete Arbeit. Dadurch entsteht kein Gefühl von Abhängigkeit, sondern von Beteiligung. Gleichzeitig bleibt das gemeinsame Konto der Ort, an dem Partnerschaft praktisch gelebt wird.

In der anwaltlichen Praxis zeigt sich immer wieder, dass Konflikte weniger durch Geldmangel entstehen als durch Unklarheit. Wer zahlt was? Wem gehört welches Geld? Darf ich mir das leisten? Das 3-Konten-Modell beantwortet diese Fragen strukturell. Es entlastet Gespräche, weil nicht jede Ausgabe zur Grundsatzdiskussion wird. Eigene Ausgaben bleiben eigene Entscheidungen. Gemeinsame Ausgaben werden gemeinsam getragen.

Auch psychologisch ist dieses Modell wirkungsvoll. Der Care-arbeitende Teil erlebt finanzielle Selbstwirksamkeit. Der erwerbsarbeitende Teil muss nicht mehr das Gefühl haben, »alles zu zahlen«. Beide bewegen sich auf Augenhöhe, weil Geldflüsse transparent und fair geregelt sind. Besonders in Phasen intensiver Care-Arbeit – etwa nach der Geburt eines Kindes oder bei der Pflege von Angehörigen – wirkt diese Klarheit stabilisierend für die Beziehung.

Wichtig ist, das 3-Konten-Modell nicht als starres System zu verstehen. Lebenssituationen ändern sich. Einkommen verändern sich. Care-Belastungen verschieben sich. Ein gutes Modell lebt davon, dass es überprüft und angepasst wird. Viele Paare nutzen dafür einen festen Zeitpunkt im Jahr – etwa den Jahresanfang oder einen persönlichen Jahrestag – um gemeinsam zu schauen: Passt das noch für uns? Fühlen wir uns beide fair behandelt?

In Kombination mit einem monatlichen Care-Ausgleich wird das 3-Konten-Modell zu einem starken Instrument moderner Partnerschaft. Es verbindet Nähe und Freiheit, Verantwortung und Selbstständigkeit. Es macht Gleichberechtigung nicht zu einem Ideal, sondern zu einer gelebten Struktur.

Finanzielle Fairness entsteht nicht dadurch, dass alles in einen Topf geworfen wird. Sie entsteht dort, wo gemeinsames Leben und individuelle Sicherheit nebeneinander Platz haben. Das 3-Konten-Modell schafft genau diesen Raum.

4.3.4 Eigentumsregelungen

Größere Anschaffungen, etwa Immobilien, werden **beiden Partnern anteilig zugeordnet,** unabhängig davon, wer den Kreditvertrag unterschreibt.

» Grundbucheintrag 50/50 auch bei einseitiger Finanzierung.

! Manche Banken spielen hier leider nicht mit.

4.3.5 Vermögensaufbau durch Sparplan

Jährlicher fixer Beitrag auf ein gemeinsames Investmentkonto. So wird aus Care-Arbeit langfristig Kapitalaufbau – statt Lücke.

» **Partnerschaft auf Augenhöhe**

Ein Paar vereinbart, dass für jedes Jahr Elternzeit 5.000 € in die private Altersvorsorge des Care-Partners fließen. Nach zehn Jahren hat der Care-Partner 50.000 € Rentenrücklage – und echte Sicherheit.

Immobilienmodell:

Einer finanziert das Haus, der andere organisiert Haushalt und Familie.

Durch Ehevertrag wird geregelt, dass beide im Grundbuch stehen – als Anerkennung der Lebensleistung.

Unternehmer-Modell:

Ein Ehevertrag schützt das Unternehmen des einen Partners, sieht aber eine Abfindung für den anderen vor, der zugunsten der Familie beruflich zurücktritt.

4.4 Reflexionsfragen

- Wie viel Care-Arbeit leistet jeder von uns – und wer merkt es?
- Haben wir eine Vereinbarung über Ausgleich oder Vorsorge getroffen?
- Wüssten wir, wer im Fall einer Trennung finanziell abgesichert wäre?
- Haben wir über *Mental Load* genauso offen gesprochen wie über Geld?

Care-Arbeit absichern durch

1. **Renten-Top-up:** monatliche Beiträge zur Rentenversicherung des Care-Partners.
2. **Abfindungsregelungen:** vertraglich festgelegte Kompensation für Familienarbeit.
3. **Miteigentum an Immobilien:** rechtliche Beteiligung trotz einseitiger Finanzierung.
4. **Bonuszahlungen:** jährlicher Ausgleich für übernommene Care-Arbeit.
5. **Geteilte Verantwortung:** schriftliche Vereinbarung zu Aufgaben und Ausgleich.

Unsichtbar heißt nicht wertlos

Care-Arbeit ist keine Nebensache. Sie ist Arbeit, Leistung, Verantwortung – und Grundlage jeder funktionierenden Familie. Wer sie rechtlich absichert, schützt nicht nur sich selbst, sondern die Idee von Gleichberechtigung. Liebe ist freiwillig. Abhängigkeit nicht.

4.5 Warum der Zugewinnausgleich kein fairer Ausgleich für Care-Arbeit ist

Der gesetzliche Zugewinnausgleich wirkt auf den ersten Blick gerecht: Was während der Ehe an Vermögen hinzugewonnen wurde, soll geteilt werden. In der Praxis ist er aber **kein echter Ausgleich,** sondern eine **vereinfachte Rechenoperation,** die viele Lebensrealitäten ignoriert – insbesondere die unbezahlte Familienarbeit.

Er berücksichtigt nur Vermögen, nicht Leistung

Der Zugewinnausgleich knüpft an Zahlen an – an Kontostände, Immobilienwerte, Depots. Nicht jedoch an Zeit, Engagement oder Mental Load. Wer also während der Ehe unbezahlte Care-Arbeit leistet, trägt faktisch zum Vermögensaufbau bei – kann das aber rechtlich nicht beweisen oder beziffern.

Der Stichtag benachteiligt Care-Arbeit

Der Ausgleich wird **zum Zeitpunkt der Trennung** berechnet. Alles, was danach passiert, zählt nicht mehr – auch wenn der Care-Partner wegen der Betreuung der Kinder weiterhin beruflich eingeschränkt ist. Damit endet die juristische Solidarität **am Tag der Trennung** – die ökonomische Schieflage bleibt.

Care-Arbeit steigert fremdes Vermögen – aber nicht das eigene

Während der eine Partner arbeitet, zahlt er in Renten, Versicherungen, Fonds, Aktien oder Immobilien ein. Der andere investiert in Kinder, Beziehungen, Bildung, Pflege – **Werte, die sich nicht in Euro ausdrücken lassen.**

Das Vermögen wächst auf einer Seite, die Care-Arbeit auf der anderen – aber nur das Vermögen wird messbar. Der Zugewinnausgleich erkennt an, dass beide »etwas beigetragen« haben, aber er bewertet nur, **was im Konto messbar ist,** nicht, was **im Leben geleistet** wurde.

Kein Schutz vor »illoyalen Vermögensverfügungen«

Das Gesetz (§ 1375 BGB) kennt zwar den Begriff der **illoyalen Vermögensminderung** – also den Versuch, kurz vor der Trennung Vermögen zu verschieben oder zu verbrauchen –, aber die **Beweislast liegt beim benachteiligten Partner.** Wer also zeigen will, dass Vermögen »absichtlich« entzogen wurde, muss dies belegen – oft unmöglich. Der Zugewinnausgleich schützt das, was noch da ist, nicht das, was gerecht wäre.

Der Ausgleich endet, wenn nichts mehr da ist

Ein häufiger Irrtum: »Wenn ich mich scheiden lasse, bekomme ich die Hälfte.« Tatsächlich gilt: Es wird nur geteilt, was **am Ende der Ehe vorhanden** ist. Ist das Vermögen durch Konsum, Schulden oder Schenkungen verbraucht, gibt es nichts zu teilen. Für Care-Partner bedeutet das: Sie haben über Jahre unbezahlte Arbeit geleistet – und am Ende keinen rechtlichen Anspruch auf das, was sie indirekt mit aufgebaut haben.

Der Zugewinnausgleich schafft keine Rentensicherheit. Der Ausgleich betrifft nur das Vermögen, nicht die **Altersvorsorge.** Zwar gibt es den Versorgungsausgleich für Rentenanwartschaften, aber auch hier gilt: Teilzeit, Elternzeit, unbezahlte Care-Arbeit führen zwangsläufig zu Lücken. Die Formel erkennt die ökonomische Realität nicht an – sie teilt nur das, was vorhanden ist. Das bedeutet: Ein Paar kann 20 Jahre zusammenleben, Kinder großziehen, Haus bauen, und trotzdem endet die Trennung mit zwei Kontoständen, die nichts über die tatsächliche Lebensleistung aussagen.

Der Zugewinnausgleich ist eine Momentaufnahme, keine Gerechtigkeitsgarantie

Der Zugewinnausgleich schafft einen rechnerischen Ausgleich, aber keine gerechte Balance. Er ist ein **Buchhaltungssystem,** kein **Anerkennungssystem.** Er schützt vor Übervorteilung, aber nicht vor Strukturen, die Care-Arbeit systematisch entwerten.

Was Paare tun können

- **Ehevertragliche Anpassung:**
  Bonus- oder Ausgleichsregelungen für Care-Arbeit einführen.
- **Immobilienbeteiligung:**
  Miteigentum vereinbaren, wenn einer mehr Care-Arbeit übernimmt.
- **Renten-Top-up:**
  Monatliche Einzahlungen in die Altersvorsorge des Care-Partners.
- **Transparenz schaffen:**
  Regelmäßig über Geld, Vermögen und Absicherung sprechen – nicht erst, wenn es zu spät ist.

Care-Arbeit ist das Fundament, auf dem Familien, Karrieren und ganze Gesellschaften stehen. Doch solange sie nicht bezahlt, anerkannt oder abgesichert ist, bleibt sie die unsichtbare Währung der Liebe – wertvoll, aber gefährlich volatil. Das Paradoxe ist: Je mehr Care-Arbeit jemand leistet, desto abhängiger wird er oder sie oft vom Einkommen des anderen. Juristisch betrachtet entsteht kein Anspruch auf Vergütung, kein Rentenpunkt, keine Eigentumsbeteiligung. Dabei steckt hinter jeder sauberen Brotdose und jedem Arzttermin ein Beitrag zur gesamtgesellschaftlichen Stabilität – und zur Karriere des anderen.

Care-Arbeit ist kein »Privatproblem«, sondern eine politische und rechtliche Baustelle. Das deutsche Familienrecht versucht, diesen

Wert indirekt abzubilden – über Zugewinn, Versorgungsausgleich oder Unterhalt. Doch was verloren geht, sind die Jahre dazwischen: Die unbezahlten Stunden, die verpassten Beförderungen, die schleichende Erosion wirtschaftlicher Eigenständigkeit. Wer Gleichberechtigung ernst meint, muss Care-Arbeit nicht nur sehen, sondern werten.

Nicht mit warmen Worten, sondern mit klaren Vereinbarungen.

Mit Eheverträgen, die Care-Arbeit berücksichtigen.

Mit Renten-Top-ups, Miteigentum, Bonusklauseln.

Mit einem gesellschaftlichen Verständnis, dass Fürsorge kein Hobby ist, sondern Arbeit – verantwortungsvoll, fordernd, unersetzlich.

Denn am Ende geht es nicht um Romantik, sondern um Fairness. Darum, dass die Person, die das Herz der Familie am Schlagen hält, nicht am Ende mit leeren Händen dasteht. Gleichberechtigung beginnt nicht bei der Frage, wer den Müll rausbringt, sondern bei der Erkenntnis, dass jeder Handschlag, jede Sorge, jedes »Ich kümmer mich« ökonomischen Wert hat – und rechtliche Würdigung verdient.

5 Ehevertrag 2.0 – so geht fair

Musterlösungen, Gestaltungsbeispiele, Regelungsideen für gleichberechtigte Beziehungen.

Das Wort **Ehevertrag** löst in vielen Paaren immer noch Beklemmung aus. Zu trocken, zu misstrauisch, zu »juristisch«. Man denkt an Trennung, nicht an Liebe. An Streit, nicht an Vertrauen. Doch das Bild ist veraltet. Der moderne Ehevertrag ist kein Misstrauensdokument, sondern ein Instrument der Fairness. Er bedeutet nicht: *»Ich glaube nicht an uns«*, sondern: *»Ich nehme uns ernst.«* Denn Liebe ist stark – aber sie braucht Strukturen. Ein Ehevertrag schafft Klarheit über Erwartungen, Verantwortung und Werte. Er ersetzt keine Gefühle, aber er schützt sie. Viele Paare sagen nach der Unterzeichnung: »Wir haben uns selten so ehrlich über unsere Beziehung unterhalten wie bei diesem Vertrag.« Das ist der Kern des Ehevertrags 2.0: Er ist kein kalter juristischer Text, sondern ein Werkzeug, um Beziehung auf Augenhöhe zu leben.

5.1 Was man regeln kann – und was nicht

Viele Paare glauben, man könne im Ehevertrag »alles« festlegen. Juristisch stimmt das nur zum Teil. Das Bürgerliche Gesetzbuch (§§ 1353 ff. BGB) steckt klare Grenzen.

Regelbar sind:

- **Güterstand:** Zugewinngemeinschaft, modifizierte Zugewinngemeinschaft, Gütertrennung oder Gütergemeinschaft.
- **Ausgleichsregelungen:** für Care-Arbeit, Einkommensunterschiede, Teilzeitphasen.
- **Immobilien- und Vermögensaufteilung:** etwa Eigentumsanteile oder Abfindungen.
- **Unternehmensschutz:** bei Selbstständigen oder Gesellschaftern.
- **Unterhalt:** soweit er nicht sittenwidrig eingeschränkt wird.
- **Vorsorge:** Renten, Versicherungen, private Altersvorsorge.

Nicht regelbar sind:

- **Sorgerecht und Umgangsrecht** – das entscheidet immer das Familiengericht im Sinne des Kindes.
- **Kindesunterhalt** – gesetzlich zwingend geregelt.
- **Grob einseitige Vereinbarungen** – etwa wenn ein Partner alle Rechte verliert, obwohl er Care-Arbeit leistet.

Kurz gesagt:

Was das Paar betrifft, kann geregelt werden.

Was Dritte betrifft (Kinder, Staat, Gläubiger), bleibt gesetzlich geschützt.

5.2 Typische Klauseln für faire Beziehungen

Der Ehevertrag 2.0 denkt nicht nur an das Ende einer Beziehung, sondern an ihr Leben währenddessen. Er schafft Stabilität in unterschiedlichen Lebensphasen.

5.2.1 Care-Bonus-Klausel

Für jedes Jahr, in dem ein Partner überwiegend Care-Arbeit übernimmt, verpflichtet sich der andere, eine Zahlung von 3.000 € auf dessen Altersvorsorgekonto zu leisten. Damit wird unsichtbare Arbeit sichtbar – und rechtlich relevant.

5.2.2 Immobilien-Gerechtigkeits-Klausel

Wird eine Immobilie während der Ehe erworben und ausschließlich von einem Partner finanziert, so wird der andere Partner zu 50 % im Grundbuch eingetragen oder erhält im Fall der Trennung eine Abfindung in Höhe des anteiligen Wertzuwachses. So wird verhindert, dass die klassische Falle (»Ich stand nie im Grundbuch«) zuschnappt.

5.2.3 Karriere-Ausgleich-Klausel

Verzichtet ein Partner auf berufliche Chancen, um Kinder oder Angehörige zu betreuen, verpflichtet sich der andere zu einer Kompensationszahlung oder erhöhten Beteiligung am Zugewinn. Damit wird Zeit als ökonomischer Faktor anerkannt.

5.2.4 Exit-Mediations-Klausel

Im Falle der Trennung verpflichten sich beide Ehepartner, vor einer gerichtlichen Auseinandersetzung eine Mediation durchzuführen. Das reduziert Kosten, Emotionen und Eskalationen.

5.3 Juristische Tools mit praktischer Wirkung

Ein guter Ehevertrag nutzt juristische Mechanismen klug:

- **Verzicht:** etwa auf nachehelichen Unterhalt – sinnvoll für Unternehmer, aber nur, wenn Care-Arbeit kompensiert wird.
- **Ausgleich:** durch Abfindungen, Sparpläne oder Miteigentum.
- **Bonusregelungen:** gekoppelt an Ereignisse (Elternzeit, Umzug, Pflege).
- **Überprüfungsklausel:** regelmäßige Anpassung, etwa alle fünf Jahre oder bei Geburt eines Kindes.

Der Vorteil: Der Vertrag bleibt dynamisch – so flexibel wie das Leben selbst.

5.4 Die größten Fehler in Eheverträgen – und wie man sie vermeidet

Der »Notar und fertig«-Fehler

Viele Paare gehen direkt zum Notar, ohne vorherige anwaltliche Beratung. Doch: Der Notar gestaltet neutral, nicht parteilich. Was fehlt, ist oft eine Interessenabwägung.

! Immer juristische Vorberatung einholen – beide Partner getrennt oder gemeinsam.

Der »Alles oder nichts«-Fehler

Kompletter Ausschluss von Zugewinn, Unterhalt oder Versorgungsausgleich – das ist fast immer sittenwidrig (§ 138 BGB).

! Statt Totalverzicht lieber »intelligente Reduktionen« vereinbaren, zum Beispiel Ausschluss nur bestimmter Vermögenswerte.

Der »Haus ist meins«-Fehler

Wenn nur einer im Grundbuch steht, hat der andere keine Eigentumsrechte – selbst nach 20 Jahren Ehe.

! Grundbuch prüfen! Alternativ Abfindung oder Miteigentum vereinbaren.

Der »Unternehmensschutz ohne Ausgleich«-Fehler

Unternehmer schließen den anderen Partner aus – vergessen aber, dass Care-Arbeit das Unternehmen indirekt mitträgt.

! Unternehmensschutz ja, aber kombiniert mit fairem Ausgleich.

Der »Nicht aktualisieren«-Fehler

Das Leben ändert sich – der Vertrag nicht.

! Alle 5 Jahre oder bei wichtigen Ereignissen (Kinder, Immobilien, Unternehmensgründung) prüfen.

5.5 Wie man über Eheverträge spricht, ohne die Liebe zu verlieren

Das Schwierigste am Ehevertrag ist oft nicht der Inhalt, sondern das Gespräch darüber. Viele Menschen scheitern nicht am Recht, sondern an der Kommunikation. Sätze wie »Du vertraust mir wohl nicht?« oder »Das ist doch unromantisch« entstehen, wenn das Thema zu spät auf den Tisch kommt.

Fünf Regeln für das Gespräch:

1. **Timing ist alles.**
   Nicht im Streit oder kurz vor der Hochzeit – sondern frühzeitig, in Ruhe, vielleicht bei einem Glas Wein und offenen Herzen.
2. **»Ich will« statt »Du sollst«.**
   Nicht: »Ich will, dass du unterschreibst.«

   Sondern: »Ich will, dass wir beide sicher sind.«
3. **Fakten schaffen Vertrauen.**
   Wer die rechtliche Lage kennt, redet sachlicher.

   Eine kurze Beratung oder Infobroschüre hilft, Angst zu nehmen.
4. **Mediation als Gesprächsrahmen.**
   Ein gemeinsames Beratungsgespräch kann helfen, unfaire Dynamiken zu vermeiden.
5. **Nicht vergessen: Es ist Teamarbeit.**
   Ein Ehevertrag ist kein Kampf um Vorteile, sondern ein gemeinsamer Schutzschirm.

Anekdote aus dem echten Leben

Eine befreundete Kollegin – ebenfalls Anwältin – erzählte mir einmal, dass sie und ihr Mann, ein Banker, ihren Ehevertrag an einem Wochenende in einem kleinen Hotel in der Eifel besprochen haben. Er hatte alles vorbereitet, Excel-Tabellen, Finanzpläne. Sie kam mit Gesetzestexten, Struktur, juristischen Argumenten. Drei Stunden später sah er sie an und sagte: »Ich glaube, ich habe mich gerade noch mal neu in dich verliebt – weil ich dich als das sehe, was du bist: eine Frau, die weiß, was sie will.«

Er sagte später, es war das ehrlichste Gespräch ihrer Ehe. Nicht über Romantik, sondern über Realität. Und genau das hat sie stärker gemacht.

Der Ehevertrag als Beziehungskompass

Ein Ehevertrag ist kein »Plan B«. Er ist der **Plan A für Fairness.** Er zwingt dazu, über Dinge zu sprechen, die sonst oft verdrängt werden: Wer verdient wie viel? Wer kümmert sich um die Kinder? Was passiert, wenn einer krank wird oder zu Hause bleibt? Diese Gespräche schaffen Nähe – weil sie Wahrheit schaffen. Und Wahrheit ist das Fundament jeder stabilen Beziehung.

» **Felix & Vivian**

Felix ist Unternehmer, Vivian arbeitet als Ärztin in Teilzeit.

Er hat ein Start-up gegründet, das schnell wächst.

Vivian übernimmt währenddessen den Großteil der Familienarbeit.

Ohne Ehevertrag würde bei einer Scheidung Felix Unternehmenswert in den Zugewinn fallen – riskant für das Unternehmen.

Ein klassischer Notarvertrag hätte das Unternehmen geschützt, aber Vivian leer ausgehen lassen.

Stattdessen entscheiden sie sich für eine **modifizierte Zugewinngemeinschaft:**

- Das Unternehmen ist ausgenommen.
- Care-Arbeit wird mit 5.000 € jährlich ausgeglichen.
- Im Fall der Scheidung gibt es eine Abfindung von 10 % des Unternehmenswertes (gedeckelt).

Ergebnis: Das Unternehmen bleibt stabil – und Vivian ist finanziell fair abgesichert.

5.6 Reflexionsfragen

- Haben wir Vermögenswerte, die geschützt werden sollten – oder solche, die wir teilen wollen?
- Ist unser Modell eher »eine Karriere + Care« oder »zwei Karrieren«?
- Wie sichern wir den Wert unbezahlter Arbeit ab?
- Haben wir festgelegt, wie wir mit Immobilien umgehen?
- Wollen wir, dass der Vertrag regelmäßig überprüft wird?

5.7 Der Ehevertrag beim Notar – Ablauf & Kosten

1. **Vorbereitung:**
   Beide Partner erstellen eine Vermögensübersicht (Immobilien, Konten, Versicherungen).
2. **Entwurf:**
   Eine Anwältin oder ein Notar formuliert den Vertrag.
   → Kosten richten sich nach Vermögenswert (z.B. bei 200.000 € ca. 800 € Notarkosten).

3. **Beurkundung:**
   Beide erscheinen gemeinsam beim Notar, der Vertrag wird vorgelesen und unterzeichnet.
4. **Aufbewahrung:**
   Ein Exemplar bleibt beim Notar, eines erhält jedes Ehepaar.

   Digitale Abschriften sind empfehlenswert.
5. **Anpassung:**
   Alle fünf Jahre oder bei neuen Lebenssituationen (Geburt, Hauskauf, Pflegefall).

Ein fairer Ehevertrag ist kein kaltes Konstrukt, sondern ein Spiegel der Beziehung. Er sagt: »*Ich respektiere dich – auch für den Fall, dass das Leben anders spielt, als wir hoffen.*« Er ist ein Vertrag zwischen zwei Liebenden, nicht zwischen Gegnern. Und wer ihn bewusst gestaltet, schützt nicht nur sein Vermögen – sondern auch das, was wirklich zählt: gegenseitige Achtung, Augenhöhe und Vertrauen.

6 Kinder, Küche, Kapital? Nein danke!

Wie man familiäre Aufgaben partnerschaftlich und rechtlich sauber verteilt.

Gleichberechtigung klingt selbstverständlich. Und doch zeigt sich im Alltag schnell, dass sie viel seltener gelebt als gewünscht wird. Paare starten oft mit dem Vorsatz, »alles gerecht zu teilen« – bis das Leben passiert: Kinder, Haus, Elternzeit, Jobwechsel, Krankheit. Dann kehren unmerklich alte Muster zurück. Studien belegen: Rund 70 % der heterosexuellen Paare beginnen nach der Geburt des ersten Kindes mit einer weitgehend gleichberechtigten Aufgabenverteilung. Ein Jahr später arbeiten 60 % der Mütter in Teilzeit, während 90 % der Väter weiterhin Vollzeit beschäftigt sind. Diese Verschiebung ist kein individuelles Versagen – sie ist strukturell. Die Gründe sind vielfältig: finanzielle Zwänge, gesellschaftliche Erwartungen, fehlende Kinderbetreuung, aber auch das eigene Bedürfnis nach Harmonie. Gleichberechtigung scheitert selten am guten Willen, sondern an unbewussten Routinen.

6.1 Unsichtbare Verträge – und ihre Folgen

Viele Paare schließen unausgesprochene Abkommen: »Du kümmerst dich um die Kinder, ich ums Geld.« Solche stillen Verträge funktionieren – bis sie nicht mehr funktionieren. Das Problem: Sie sind nicht dokumentiert, nicht abgesichert und oft nicht reversibel. Wenn eine Beziehung endet oder ein Partner erkrankt, zeigen sich die Lücken brutal deutlich.

» Eine Mandantin hatte 15 Jahre lang den Haushalt geführt, zwei Kinder großgezogen und den Ehemann in seiner Selbstständigkeit unterstützt. Er hatte ihr immer gesagt: *»Das ist doch auch deine Firma.«* Doch im Handelsregister stand nur sein Name. Nach der Trennung blieb sie mit Teilzeiteinkommen und fast ohne Rente zurück. Was fehlte, war nicht Liebe – sondern rechtliche Weitsicht.

6.2 Care-Arbeit im Fokus: Kinder, Haushalt, Mental Load

Care-Arbeit umfasst alle Tätigkeiten, die das Leben anderer möglich machen – Kindererziehung, Pflege, Hausarbeit, Organisation. Der Wert dieser Arbeit ist enorm: Laut Statistischem Bundesamt leisten Frauen in Deutschland im Durchschnitt **52 % mehr unbezahlte Arbeit** als Männer. Würde diese Arbeit bezahlt, läge ihr volkswirtschaftlicher Wert bei **über 1 Billion Euro jährlich** – fast ein Drittel des deutschen Bruttoinlandsprodukts.

Doch in privaten Haushalten wird Care-Arbeit meist als selbstverständlich betrachtet. Es gibt keine Stundenabrechnung, kein Urlaub, keine Rentenpunkte. Hinzu kommt der **Mental Load** – die unsichtbare Denkarbeit: Diese dauerhafte mentale Verantwortung führt zu Erschöpfung, Frustration und häufig zu Ungleichgewicht in der Partnerschaft.

Praxis-Tipp: Führt für eine Woche ein »Mental-Load-Protokoll«. Schreibt auf, wer an was denkt, wer organisiert, wer erinnert. Das klingt banal, ist aber oft ein Aha-Erlebnis – viele Paare sehen erst dann, wie einseitig die Verantwortung verteilt ist.

6.3 Kinder – Gleichberechtigung im Familienleben

Elternschaft ist der Moment, in dem Gleichberechtigung am stärksten herausgefordert wird. Während der Schwangerschaft und in den ersten Jahren verlagert sich Verantwortung häufig automatisch: Erziehungsarbeit, Arzttermine, Haushalt – vieles bleibt an einem Partner hängen.

Elternzeit & Arbeitszeit

Das ElterngeldPlus hat zwar neue Flexibilität geschaffen, doch nach wie vor nehmen **über 80 % der Väter weniger als 3 Monate Elternzeit.** Dabei zeigen Studien, dass Paare, die sich Elternzeit teilen, **langfristig stabilere Beziehungen** führen. Die Erfahrung beider Eltern im Alltag mit Kindern schafft Empathie und Verständnis füreinander.

Karriereknick und Rentenlücke

Wer länger in Elternzeit bleibt oder Teilzeit arbeitet, zahlt weniger in die Rentenkasse ein. Nach zehn Jahren Teilzeit ergibt sich eine Rentenlücke von bis zu **30 %.** Diese Lücke sollte kein »Schicksal« sein – sie ist planbar und ausgleichbar.

Lösungen:

- Zusätzliche Rentenbeiträge des anderen Partners (Care-Bonus).
- Miteigentum an Vermögen oder Immobilien.
- Vereinbarung im Ehe- oder Partnerschaftsvertrag über Kompensation.

Alltagstipp:

Schreibt eine **Familienvereinbarung** – kein juristischer Vertrag, sondern eine faire Aufgabenverteilung. Beispiel: »Montag bis Donnerstag bringt Partner A die Kinder zur Schule, Partner B kocht. Freitags wechseln wir.« Was aufgeschrieben ist, wird ernster genommen.

6.4 Haushalt als Beziehungsspiegel

Der Haushalt ist oft das unsichtbare Schlachtfeld der Gleichberechtigung. Dabei geht es nicht nur ums Putzen oder Kochen, sondern um Haltung: Wird Hausarbeit als gemeinsame Verantwortung gesehen – oder als »Hilfe«? Eine häufige Dynamik nennt sich **Weaponized Incompetence:** Ein Partner stellt sich absichtlich ungeschickt an (»Ich kann das nicht so gut«), sodass der andere übernimmt. Diese Taktik – oft unbewusst – führt zu schleichender Überlastung. Die Lösung ist klare Kommunikation und Konsequenz: »Wenn du sagst, du kannst das nicht, lernst du es – so wie ich deinen Steuerordner gelernt habe.«

Alltagstipp:

- Führt eine gemeinsame Haushalts-App oder Wochenliste.
- Dreht Aufgaben regelmäßig.
- Bewertet nicht nach Perfektion, sondern nach Fairness.

6.5 Pflege – das vergessene Gleichberechtigungsthema

Während über Kinderbetreuung viel gesprochen wird, bleibt die **Pflege von Angehörigen** ein stilles Tabuthema.

Rund **4,96 Millionen Menschen** in Deutschland sind pflegebedürftig (Stand 2023). Davon werden über 80 % zu Hause betreut, meist durch Angehörige – und davon wiederum sind mehr als 70 % Frauen. Pflege ist Care-Arbeit in ihrer intensivsten Form: körperlich, emotional, organisatorisch. Und sie trifft Paare mitten im Berufsleben, wenn plötzlich Eltern oder Schwiegereltern Unterstützung brauchen. Juristisch greifen hier das **Pflegezeitgesetz (PflegeZG)** und das **Familienpflegezeitgesetz (FPfZG).** Sie ermöglichen bis zu sechs Monate unbezahlte Freistellung und Teilzeitregelungen – aber kaum jemand nutzt sie, weil es finanziell kaum tragbar ist.

» Tina pflegt ihre Mutter drei Jahre lang zu Hause, während ihr Mann weiterarbeitet.

Nach dem Tod der Mutter ist sie ausgebrannt – und beruflich abgehängt.

Mit einem Ehevertrag hätte sie eine Ausgleichsklausel vereinbaren können: zusätzliche Rentenbeiträge oder ein Pflegebonus.

Alltagstipp:

Pflege ist planbar. Sprecht früh über das Thema.

Wer könnte Pflege übernehmen?

Wie kann man sie gerecht verteilen?

Wie lässt sie sich mit Beruf und Kindern kombinieren?

6.6 Fairness im Alltag – kleine Schritte, große Wirkung

Gleichberechtigung ist kein Zustand, sondern ein Prozess.

Er beginnt in den kleinen Dingen:

- Wer übernimmt den ersten Kinderarzttermin?
- Wer zahlt das Geburtstagsgeschenk der Schwiegermutter?
- Wer kennt die PIN des Haushaltskontos?

Solche Details entscheiden über Gerechtigkeit im Alltag.

Praxisideen für Paare:

1. **Das Gleichgewichtsgespräch** – einmal im Monat 30 Minuten nur über Organisation, Geld, Aufgaben sprechen. Kein Streit, nur Austausch.

2. **Die 50/50-Woche** – eine Woche lang werden alle Aufgaben fair geteilt, danach Bilanz ziehen.
3. **Das Transparenzboard** – Whiteboard oder App mit To-dos, Terminen, Verantwortlichkeiten. Sichtbarkeit schafft Fairness.

6.7 Rechtliche Werkzeuge für Fairness

Gleichberechtigung kann (und sollte) auch juristisch abgesichert werden.

Ehe- oder Partnerschaftsvertrag

- Klärt Eigentum, Unterhalt, Care-Ausgleich.
- Besonders wichtig bei ungleichem Einkommen oder Teilzeit.

Familienvereinbarung

- Schriftliche, informelle Vereinbarung über Aufgaben, Elternzeit, Rentenbeiträge.
- Kein Notar nötig, aber moralisch verbindlich.

Vorsorgevollmacht & Betreuungsverfügung

- Wenn einer krank oder pflegebedürftig wird: Wer darf entscheiden?
- Wer verwaltet das Konto, wer zahlt Rechnungen?

Steuerliche Optimierung

- Ehegattensplitting kann unfaire Anreize setzen (Förderung des Alleinverdienermodells).
- Alternativ: getrennte Veranlagung prüfen.

» **Alina & Moritz**

Alina arbeitet als Lehrerin, Moritz ist Projektmanager.

Nach der Geburt ihrer Tochter reduziert Alina auf 50 %, Moritz bleibt Vollzeit.

Nach drei Jahren ist Alina erschöpft: Mental Load, Karriereknick, kaum eigene Ersparnisse.

Bei einer Paarberatung wird klar: Nicht die Liebe ist das Problem, sondern die Strukturen.

Sie beschließen:

Beide nehmen künftig Elternzeit (je 6 Monate).

Alina bekommt monatlich 200 € Rentenzuschuss.

Ein gemeinsames Konto für Haushaltskosten.

Drei Monate später sagen beide:

»Wir streiten weniger, seit wir angefangen haben, über Geld zu reden.«

6.8 Reflexionsfragen

- Haben wir klar geregelt, wer welche Aufgaben übernimmt?
- Gibt es einen finanziellen Ausgleich, wenn einer von uns beruflich zurücktritt?
- Wie organisieren wir Kinderbetreuung oder Pflegezeiten?
- Haben wir über Mental Load gesprochen – und ihn sichtbar gemacht?
- Wissen wir beide, wie unsere Renten- und Versicherungsstände aussehen?

Gleichberechtigung in Zahlen (Deutschland 2024)

Bereich	Frauen	Männer
Durchschnittliche Erwerbstätigenquote	73 %	82 %
Durchschnittliche Wochenarbeitszeit (bezahlt)	29 Std.	38 Std.
Durchschnittliche unbezahlte Arbeit pro Tag	4 h 13 min	2 h 46 min
Renteneintrittseinkommen (Durchschnitt)	17.000 € p.a.	25.000 € p.a.
Pflege von Angehörigen (häufigster pflegender Angehöriger)	72 % Frauen	28 % Männer
Väter mit Elternzeit ≥ 2 Monate	28 %	–

Quelle: Statistisches Bundesamt, BMFSFJ, DIW 2024

Echte Gleichberechtigung entsteht nicht im Gesetz, sondern im Alltag. Sie zeigt sich nicht in Paragrafen, sondern in Gesten: im Teilen von Verantwortung, in gegenseitiger Wertschätzung, in offener Kommunikation. Wer Care-Arbeit, Kindererziehung und Pflege als **gemeinsame Lebensaufgabe** versteht, entlastet beide – und stärkt die Beziehung. Gleichberechtigung bedeutet nicht, dass alles 50/50 sein muss. Sie bedeutet, dass beide wissen, was fair ist – und sich darin wiederfinden. Am Ende geht es nicht darum, wer mehr leistet, sondern dass niemand unsichtbar bleibt.

7 Wenn's doch schiefgeht – und warum das kein Weltuntergang ist

Scheidungsfolgen fair regeln, Unterhaltsvereinbarungen und Exit-Strategien.

Es ist erstaunlich, wie stark sich das Wort **Scheidung** in unser kollektives Angstzentrum eingebrannt hat. Wir denken sofort an zerstörte Existenzen, an bittere Prozesse, an Kinder, die zerrieben werden. Doch diese Vorstellung ist ein Mythos – genährt von Filmen, Schlagzeilen und Einzelfällen. Die Realität ist leiser, oft unspektakulär – aber menschlicher. In Deutschland werden jedes Jahr rund **135.000 Ehen geschieden,** davon etwa **vier von fünf einvernehmlich.** Es gibt Tränen, ja. Aber in den meisten Fällen auch Respekt. Viele Paare schaffen es, sich ohne Hass zu trennen – weil sie spüren: Der Mensch, den ich geheiratet habe, ist nicht mein Feind. Eine Trennung ist kein moralisches Scheitern, sondern eine Veränderung. Sie kann fair verlaufen, wenn man sie bewusst gestaltet – so, wie man einst auch den Anfang bewusst gestaltet hat. Denn was am Anfang Vertrauen braucht, braucht am Ende Klarheit.

7.1 Der rechtliche Weg – was wirklich passiert

Viele Menschen glauben, eine Scheidung sei ein unüberschaubarer, monatelanger Albtraum. In Wahrheit ist das Verfahren rechtlich klar geregelt und, richtig vorbereitet, oft unspektakulär. Die größte Hürde ist selten das Gesetz – es sind die Emotionen.

Trennung – der erste Schritt

Voraussetzung für jede Scheidung ist die Trennung. Mindestens ein Jahr muss das Paar getrennt leben (§ 1565, 1566 BGB). Trennung heißt: kein gemeinsamer Haushalt, keine gemeinsamen Finanzen, kein gemeinsamer Alltag. Man darf auch weiterhin in derselben Wohnung leben – wichtig ist, dass »Tisch und Bett« getrennt sind und beide deutlich machen, dass die Ehe beendet ist. Für viele Paare ist diese Phase die schwierigste. Es ist eine Zeit zwischen zwei Leben: das alte schon vorbei, das neue noch nicht da. Aber sie ist notwendig, um Distanz zu gewinnen und Entscheidungen mit klarem Kopf zu treffen. Nur in Härtefällen – etwa bei Gewalt – kann die Ehe sofort geschieden werden (§ 1565 Abs. 2 BGB).

Der Scheidungsantrag

Nach Ablauf des Trennungsjahres kann einer der Ehepartner den **Scheidungsantrag** stellen.

Das geschieht durch eine Anwältin oder einen Anwalt – das Gericht darf von Amts wegen keine Scheidung durchführen. Mindestens eine Seite muss anwaltlich vertreten sein. Wenn die andere Seite nur zustimmt, braucht sie keinen eigenen Anwalt – das spart Kosten und Nerven. Wichtig: Es ist kein gemeinsamer Anwalt!

Eine kleine Anekdote aus Annas Anwaltsleben: Bei meiner ersten Scheidung handelte es sich um eine eben solche einvernehmliche Scheidung. Ich war dennoch aufgeregt, da wir den Scheidungsantrag gestellt haben. Vorab hat das Paar eine notariell beurkundete Scheidungsfolgenvereinbarung geschlossen, womit es auch keine bösen Überraschungen hätte geben können. Der Termin dauerte fünf Minuten. Die Mandantin (von mir liebevoll »Patient Null« genannt) war überglücklich und betitelte diesen Tag als den schönsten ihres Lebens. Entsprechend hat sie vorab eine Scheidungsparty geplant, welche in Form eines Champagner-Brunches standesgemäß zelebriert wurde. Und wer durfte nicht fehlen? Die Scheidungsanwältin. Dabei sollte es jedoch nicht bleiben. Um den Scheidungstag als schönsten Tag ihres Lebens abzuhängen, wurde glatt erneut geheiratet. Und wer durfte nicht fehlen? Die Scheidungsanwältin. Nur dieses Mal bleibt es beim Happy End und mein Job ist getan!

7.2 Was das Gericht automatisch regelt – und was nicht

Das Familiengericht prüft einige Dinge von Amts wegen, also automatisch, auch ohne Antrag:

- Ob die Ehe gescheitert ist und die Trennung mindestens ein Jahr andauert.
- Den **Versorgungsausgleich:** Alle während der Ehe erworbenen Rentenansprüche werden ermittelt und hälftig geteilt (§§ 1587 ff. BGB).

Dazu schickt das Gericht Formulare an beide Ehepartner. Die Rentenversicherung berechnet die Werte – das dauert oft am längsten im Verfahren. Alles andere – also Unterhalt, Zugewinn, Hausrat, Immobilien, Kinderfragen – wird **nur auf Antrag** geprüft. Wenn niemand etwas beantragt, wird nur die Ehe geschieden. Viele Paare klären diese Themen vorher außergerichtlich oder notariell – das ist meist der bessere Weg.

7.3 Was bei der Scheidung geregelt wird

Eine Scheidung klärt keine Gefühle – sie klärt Rechtsfolgen. Es geht um vier Lebensbereiche: Unterhalt, Vermögen, Vorsorge, Kinder.

1. Unterhalt

Unterhalt ist kein Strafgeld, sondern ein Ausgleich. Er soll sicherstellen, dass niemand ins Bodenlose fällt, weil während der Ehe Rollen ungleich verteilt waren.

Kindesunterhalt ist zwingend gesetzlich geregelt – hier gibt es keinen Spielraum.

Er richtet sich nach Einkommen und Alter des Kindes (Düsseldorfer Tabelle).

Ehegattenunterhalt dagegen hängt von vielen Faktoren ab: Einkommen, Bedürftigkeit, Betreuungszeiten, ehebedingte Nachteile.

Er ist oft der größte Streitpunkt – und lässt sich am besten durch klare Regeln im Ehevertrag oder eine notarielle Vereinbarung entschärfen.

» Anne bleibt zehn Jahre zu Hause, um die Kinder zu betreuen.

Nach der Scheidung arbeitet sie halbtags, verdient 1.200 €.

Ihr Mann verdient 4.000 €.

Sie hat Anspruch auf nachehelichen Unterhalt, bis sie wirtschaftlich eigenständig ist.

Aber: Die Gerichte erwarten zunehmend Selbstverantwortung. Unterhalt soll den Neustart ermöglichen – kein dauerhaftes Abhängigkeitsverhältnis schaffen.

2. Vermögen und Zugewinnausgleich

Hier beginnt das, was im Alltag am meisten wehtut: die Aufteilung dessen, was man gemeinsam aufgebaut hat. Ohne Ehevertrag gilt die **Zugewinngemeinschaft.** Das bedeutet: Was während der Ehe an Vermögen hinzugekommen ist, wird hälftig ausgeglichen.

Doch dieser Ausgleich betrifft nur das, was am Ende noch vorhanden ist.

3. Vorsorge und Rente

Der Versorgungsausgleich ist eine der wenigen Regelungen, die automatisch greifen. Er teilt Rentenansprüche, die während der Ehe erworben wurden, hälftig. Aber: Private Vorsorgeformen wie ETF-Sparpläne oder Betriebsrenten müssen gesondert betrachtet werden. Paare sollten regelmäßig prüfen, ob beide ausreichend abgesichert sind. Ein gemeinsamer Sparplan oder private Renteneinzahlungen für den Care-Partner können helfen, Ungleichheit auszugleichen.

4. Kinder, Sorgerecht und Umgang

Das wichtigste Prinzip: das **Kindeswohl.** Bei einer Scheidung bleibt das gemeinsame Sorgerecht bestehen, es sei denn, das Gericht sieht das Kind gefährdet. Was zählt, ist Kooperation.

» Beide teilen sich Ferien, Schulkosten und Arzttermine.

Kein Streit, keine Gerichtsverhandlung – nur Organisation.

Gerichte sehen es gern, wenn Eltern gemeinsam Lösungen finden.

Denn kein Urteil ersetzt das, was Eltern in Frieden miteinander regeln.

7.4 Die Kosten – was eine Scheidung wirklich kostet

Die Kosten hängen vom sogenannten **Verfahrenswert** ab, den das Gericht festlegt. Er richtet sich nach dem **dreifachen gemeinsamen Nettoeinkommen** und gegebenfalls dem Vermögen.

» **Beispiel**

- Gemeinsames Nettoeinkommen: 5.000 €
- Verfahrenswert: 15.000 €
- Gerichtskosten: ca. 600 €
- Anwaltskosten (eine Seite): ca. 1.500 €

Bei einer **einvernehmlichen Scheidung** reicht ein Anwalt für beide, was die Kosten fast halbiert. Bei einer **streitigen Scheidung** (zwei Anwälte, Unterhalt, Zugewinn, Sorgerecht) können die Kosten leicht auf **5.000 € bis 20.000 €** steigen. Wer nur geringes Einkommen hat, kann **Verfahrenskostenhilfe** beantragen (§ 76 FamFG i.V.m. § 114 ZPO).

Wenn sich Paare trennen, sind die größten Ängste meist emotional. Die zweithäufigste Sorge ist finanziell: »*Was kostet das Ganze?*« Und die ehrliche Antwort lautet: Es hängt davon ab, **wie fair ihr miteinander umgeht** – juristisch und menschlich. Denn die Kosten einer Scheidung sind gesetzlich geregelt. Sie hängen weder vom Anwalt noch vom Gericht »nach Gefühl« ab, sondern vom sogenannten **Verfahrenswert** (auch Streitwert genannt). Auf Basis dieses Wertes berechnen sich die **Gerichtsgebühren nach dem FamGKG** (Gesetz über Gerichtskosten in Familiensachen) und die **Anwaltsgebühren nach dem RVG** (Rechtsanwaltsvergütungsgesetz).

7.4.1 Der Verfahrenswert – die Grundlage aller Kosten

Der **Verfahrenswert** ist der zentrale Rechenfaktor. Er bestimmt, wie hoch sowohl die Gerichts- als auch die Anwaltskosten sind. Er wird vom **Familiengericht** festgesetzt (§ 43 FamGKG). **Bei einer reinen Scheidung** berechnet sich der Verfahrenswert wie folgt:

Verfahrenswert = dreifaches gemeinsames Nettoeinkommen beider Ehepartner pro Monat

» Ehemann netto 3.000 €, Ehefrau netto 2.000 € → gemeinsam 5.000 €.

Dreifaches Einkommen = 15.000 €.

→ **Verfahrenswert 15.000 €**

Das Gericht kann den Wert *erhöhen oder senken,* wenn Vermögen vorhanden ist oder die wirtschaftlichen Verhältnisse besonders einfach oder komplex sind.

7.4.2 Zusätzliche Werte für Folgesachen

Wenn neben der Scheidung weitere Punkte geregelt werden (Unterhalt, Zugewinnausgleich, Sorgerecht etc.), **erhöht sich der Verfahrenswert** um die jeweiligen Einzelwerte.

Diese werden nach den gesetzlichen Bestimmungen des FamGKG addiert.

Folgesache	Berechnungsgrundlage	Typischer Wert/Beispiel
Versorgungsausgleich	automatisch vom Gericht mitberechnet (§ 50 FamGKG)	meist 10 % des 3-fachen Nettoeinkommens pro Rentenrecht (i.d.R. 1.000 € bis 2.000 €)
Unterhalt (Ehepartner oder Kinder)	Jahresbetrag der streitigen Forderung	z.B. 500 € × 12 = 6.000 €
Zugewinnausgleich	Höhe der geforderten Zahlung	z.B. 40.000 €
Hausrat	nach Ermessen, meist pauschal 3.000 € bis 5.000 €	
Wohnungszuweisung	nach wirtschaftlichem Interesse, ca. 3.000 € bis 8.000 €	
Sorgerecht/Umgangsrecht	meist pauschal 4.000 € bis 6.000 €	

Der Gesamtverfahrenswert ergibt sich also aus der **Summe aller Einzelwerte.**

7.5 Gerichtskosten nach FamGKG

Die Gerichtskosten sind in der **Anlage 2 zum FamGKG** geregelt. Sie betragen in Familiensachen in der Regel **2,0 Gebühren nach dem Kostenverzeichnis (Nr. 1210 KV FamGKG).** Die Gebühr richtet sich nach dem Verfahrenswert und der zugehörigen Tabelle.

Hier ein Beispiel nach der aktuellen Gebührentabelle (Stand 2025):

Verfahrenswert	Gerichtskosten (2,0 Gebühren)
5.000 €	273 €
10.000 €	438 €
15.000 €	588 €
20.000 €	738 €
25.000 €	888 €
50.000 €	1.638 €

Die Gerichtskosten müssen zunächst **vom Antragsteller (also demjenigen, der anwaltlich vertreten ist und den Scheidungsantrag stellt) eingezahlt** werden.

Ohne Kostenvorschuss wird die Scheidung nicht terminiert (§ 14 FamGKG).

7.6 Anwaltskosten nach RVG

Die Anwaltsvergütung richtet sich nach dem **RVG (Rechtsanwaltsvergütungsgesetz).** Auch hier ist der Verfahrenswert die Grundlage.

In Scheidungsverfahren entstehen regelmäßig:

- **1,3-fache Verfahrensgebühr (§ 13 RVG i.V.m. Nr. 3100 VV RVG)**
- **1,2-fache Terminsgebühr (Nr. 3104 VV RVG)**
- **Pauschale für Post & Telekommunikation (Nr. 7002 VV RVG, 20 €)**
- **19 % Umsatzsteuer**

Die Summe ergibt sich aus der Gebührentabelle des RVG:

Verfahrenswert	Anwaltskosten (1 Anwalt, inkl. MwSt.)
5.000 €	ca. 650 €
10.000 €	ca. 1.000 €
15.000 €	ca. 1.350 €
20.000 €	ca. 1.650 €
25.000 €	ca. 1.950 €
50.000 €	ca. 3.000 €

Wenn beide Parteien eigene Anwälte beauftragen, verdoppeln sich die Anwaltskosten.

7.7 Gesamtbeispiel

Einvernehmliche Scheidung, keine Folgesachen, gemeinsames Nettoeinkommen 5.000 €.

- Verfahrenswert: 15.000 €
- Gerichtskosten: ca. 588 €
- Anwaltskosten (eine Partei): ca. 1.350 €

→ **Gesamtkosten: rund 1.900 €**

Wenn die Parteien sich die Kosten teilen, zahlt jede etwa 950 €.

Erweiterungsbeispiel mit Folgesachen

Streitiger Zugewinnausgleich (30.000 €) + Unterhalt (6.000 €)

- Grundwert: 15.000 € (Scheidung)
- Zugewinn: 30.000 €
- Unterhalt: 6.000 €

→ Gesamtverfahrenswert: **51.000 €**

- Gerichtskosten: ca. 1.650 €
- Anwaltskosten (je Partei): ca. 3.000 €

→ **Gesamtkosten beider Seiten: ca. 7.500 € bis 8.000 €**

7.8 Wer zahlt die Kosten?

Grundsätzlich trägt jede Partei ihre **eigenen Anwaltskosten** und die **Gerichtskosten zur Hälfte (§ 150 FamFG).** Anders nur, wenn das Gericht eine andere Verteilung anordnet (z.B. bei grobem Fehlverhalten oder Mutwilligkeit). Bei einer einvernehmlichen Scheidung kann man vereinbaren, dass sich beide Parteien die Kosten teilen.

7.9 Verfahrenskostenhilfe – wer sie bekommt

Wer geringes Einkommen oder hohe Belastungen hat, kann **Verfahrenskostenhilfe (VKH)** beantragen. Sie funktioniert wie die Prozesskostenhilfe in Zivilsachen (§§ 76 FamFG, 114 ZPO).

Das Gericht prüft:

- Einkommen
- Miet- und Kreditbelastung
- Unterhaltspflichten
- Vermögen

Wird Hilfe bewilligt, trägt der Staat die Anwalts- und Gerichtskosten. Je nach Einkommen kann Ratenzahlung angeordnet werden.

! VKH kann auch für einvernehmliche Scheidungen beantragt werden.

Wichtig: Belege vollständig einreichen, sonst verzögert sich das Verfahren.

7.10 Emotionale vs. finanzielle Kosten

Das Recht kann Kosten berechnen – aber nicht den Preis von Streit. Ein dreijähriger Prozess frisst nicht nur Geld, sondern Energie, Schlaf, Gesundheit. Viele Paare sagen am Ende: *»Hätten wir früher gesprochen, wäre es billiger – und menschlicher – gewesen.«*

7.11 Kurzüberblick – Kostenvergleich

Einvernehmliche Scheidung	15.000 €	1.800 € bis 2.000 €	4 bis 6 Monate
Mit Versorgungsausgleich	18.000 €	2.100 € bis 2.400 €	6 bis 9 Monate
Streitiger Unterhalt (6.000 €)	21.000 €	3.000 € bis 3.500 €	9 bis 12 Monate
Streit um Zugewinn (40.000 €)	55.000 €	7.000 € bis 8.000 €	1 bis 2 Jahre

Eine Scheidung muss kein finanzielles Desaster sein. Wer früh über faire Vereinbarungen spricht, wer Unterhalt und Vermögen transparent regelt, spart am Ende mehr, als er je verlieren könnte. Denn die teuerste Scheidung ist immer die, die man hätte vermeiden können – durch Klarheit, Respekt und rechtzeitige Vorsorge.

8 Die Checkliste für die Liebe mit Verstand

Was jedes Paar schriftlich regeln sollte – auch ohne zu heiraten.

Die meisten Paare starten voller Zuversicht in ihre Beziehung. Man redet über Reisen, Zukunftspläne und vielleicht über Kinder – aber selten über Finanzen, Aufgabenverteilung oder was passiert, wenn das Leben mal nicht so läuft wie geplant. Das liegt nicht an Bequemlichkeit, sondern an der Angst, die Leichtigkeit zu verlieren. »Man redet doch nicht über Geld, wenn man verliebt ist«, höre ich oft. Doch genau das ist ein Trugschluss. Denn Liebe ist kein Schutzschild gegen Missverständnisse. Sie ist ein Gefühl, kein Vertrag. Und Gefühle ändern sich, während Verpflichtungen bleiben. Wer die rechtliche Seite der Beziehung ignoriert, handelt nicht romantisch, sondern leichtsinnig. Es ist wie beim Hausbau: Niemand sagt: »Ich vertraue dem Dach schon irgendwie«, wenn ein Sturm droht. Man sorgt vor. Genauso verhält es sich mit einer Beziehung. Klarheit schützt nicht vor Liebe – sie schützt die Liebe.

8.1 Warum schriftliche Vereinbarungen so wichtig sind

Viele Konflikte entstehen nicht, weil Paare sich nicht lieben – sondern weil sie nie konkret besprochen haben, wie sie leben wollen. Mündliche Absprachen, flüchtige Andeutungen, ein »das machen wir später« – all das wird mit der Zeit zu einer tickenden Zeitbombe.

» Ein Paar lebt seit zehn Jahren zusammen, ohne zu heiraten. Sie hat ihre Arbeitszeit reduziert, um sich um die Kinder zu kümmern. Er verdient gut, zahlt das Haus ab, steht allein im Grundbuch.

Bei der Trennung zeigt sich: rechtlich gehört ihr – nichts.

Kein Ausgleich für zehn Jahre Care-Arbeit, keine Beteiligung am Haus, keine Rentenpunkte.

»Aber wir hatten doch immer gesagt, das Haus ist unseres!« – dieser Satz fällt in meiner Kanzlei regelmäßig.

Doch das Gesetz kennt keine Romantik, sondern nur Eigentum.

Schriftliche Vereinbarungen sind keine Misstrauenserklärung, sondern ein Schutzschild gegen Ungerechtigkeit. Sie schaffen Verbindlichkeit, verhindern Streit und sorgen dafür, dass das, was heute fair gemeint ist, auch morgen noch fair bleibt.

8.2 Die großen Themen: Finanzen, Care-Arbeit, Eigentum, Vorsorge

Jede Beziehung ist anders. Aber alle Paare stoßen früher oder später auf dieselben Fragen – ob sie wollen oder nicht. Darum geht es in dieser Checkliste: nicht um Kontrolle, sondern um Bewusstsein.

Finanzen – der Beziehungstest, den kaum jemand besteht

Geld ist kein romantisches Thema, aber eines der ehrlichsten. Es zeigt, ob Gleichberechtigung wirklich gelebt wird. Wer verdient wie viel? Wer zahlt wofür? Wer spart, wer konsumiert? Viele Paare glauben, sie würden »gemeinsam wirtschaften«, obwohl einer die Miete, der andere die Einkäufe zahlt – und keiner weiß, was am Ende wirklich fair ist.

Ein klarer, einfacher Schritt: Ein gemeinsames Haushaltskonto. Beide überweisen einen Anteil ihres Einkommens – entweder 50/50 oder anteilig. Alles, was übrig bleibt, bleibt individuell. Das schafft Unabhängigkeit *und* Transparenz. Denn Gleichberechtigung bedeutet nicht, dass alles gleich ist – sondern dass es als gerecht empfunden wird.

Care-Arbeit & Mental Load – die unsichtbare zweite Schicht

Wer organisiert die Kinderbetreuung, die Arzttermine, die Geburtstagsgeschenke, die Schwiegermutterbesuche? Care-Arbeit ist mehr als Haushalt und Putzen. Es ist emotionale, organisatorische und logistische Dauerverantwortung. Und sie trifft – laut Studien – immer noch überwiegend Frauen. Das sind rund **vier Stunden täglich,** die in keiner Lohnabrechnung, keiner Renteninformation und keinem Vermögensaufbau erscheinen. Diese Arbeit hält Familien, Unternehmen und letztlich die Gesellschaft am Laufen. Und doch bleibt sie rechtlich kaum anerkannt.

Ein modernes Paar fragt sich also:

- Wie teilen wir Aufgaben auf?
- Wer reduziert gegebenenfalls Arbeitszeit – und wie wird das ausgeglichen?
- Wie verhindern wir, dass Mental Load dauerhaft an einer Person hängen bleibt?

Ein einfacher, aber wirkungsvoller Ansatz: Für jedes Jahr, das ein Partner zugunsten der Familie Teilzeit arbeitet, wird ein fester Betrag in dessen Altersvorsorge eingezahlt – oder eine Rücklage gebildet. So entsteht kein Ungleichgewicht, sondern Partnerschaft.

Eigentum & größere Anschaffungen – wem gehört was?

Viele Paare kaufen gemeinsam ein Haus, Möbel, ein Auto. Doch wenn nur einer im Grundbuch oder Kaufvertrag steht, sieht es im Streitfall schlecht aus.

Absicherung – Liebe schützt nicht vor dem Ernstfall

Unverheiratete Paare sind rechtlich Fremde. Kein Erbrecht, kein Auskunftsrecht, keine Entscheidungsbefugnis im Krankenhaus.

Wer sich liebt, muss vorsorgen:

- **Vorsorgevollmacht:** Damit der Partner im Notfall entscheiden darf.
- **Patientenverfügung:** Damit der Wille respektiert wird.
- **Testament:** Damit das Erbe dort landet, wo das Herz schlägt.

Ein Testament kann selbst handschriftlich verfasst werden – Hauptsache, es existiert. Denn ohne eines kann es passieren, dass Eltern oder Geschwister erben, während der Lebenspartner leer ausgeht. »Wir waren doch praktisch verheiratet« – zählt nicht. Rechtlich gibt es nur: verheiratet oder nicht.

Exit-Strategie – die reife Form der Liebe

Niemand heiratet oder zieht zusammen mit dem Gedanken an Trennung. Aber wer Verantwortung übernimmt, denkt sie trotzdem mit. Ein fairer Ausstieg ist kein Zeichen des Scheiterns, sondern von Reife. Das kann eine einfache Klausel sein: »Im Falle einer Trennung verpflichten wir uns, zunächst eine Mediation durchzuführen.« Oder: »Bei Trennung wird der Hausrat hälftig aufgeteilt, unabhängig davon, wer ihn bezahlt hat.« Solche Vereinbarungen senken Streitpotenzial und Kosten enorm. Und sie verändern den Blick auf die Beziehung:

Nicht *»bis dass der Tod uns scheidet«,* sondern »bis dass das Leben sich wandelt – und wir fair bleiben«.

8.3 Auch ohne Ehevertrag – Partnerschaftsvereinbarungen

Viele moderne Paare verzichten bewusst auf die Ehe. Aber sie teilen trotzdem ihren Alltag, ihr Zuhause und oft auch Verantwortung für Kinder oder Angehörige.

Das Problem: Das Gesetz kennt keine »Lebensgemeinschaft light«. Wer nichts regelt, steht im Ernstfall mit leeren Händen da.

Eine Partnerschaftsvereinbarung ist die Lösung:

- Sie kann formlos schriftlich erstellt werden.
- Sie regelt, wer wofür aufkommt, wer was besitzt und wie im Trennungsfall geteilt wird.
- Sie schafft Sicherheit – ohne Notar, aber mit Verstand.

» Carla und Nils leben zusammen, kaufen Möbel und ein Auto. Nach vier Jahren Trennung: Sie hat das Auto bezahlt, er fährt damit weg. Keine Vereinbarung – keine Chance.

Mit Vertrag: klare Regelung, klare Verhältnisse, kein Drama.

Achtung: Insbesondere beim Thema Erben ist hier besondere Vorsicht geboten. Die gesetzliche Erbfolge sieht keine nichteheliche Lebensgemeinschaft vor. Auch fallen bereits ab 20.000 € Erbschaft- und Schenkungsteuer an.

Liebe mit Verstand ist die schönste Form der Romantik. Liebe ist kein juristischer Zustand, sondern eine bewusste Entscheidung. Wer sie mit Verstand lebt, schafft Raum für Vertrauen. Sich gemeinsam hinzusetzen, Zettel und Stift zu nehmen und aufzuschreiben, was fair ist – das ist keine Schwäche, sondern Stärke. Es ist das Gegenteil von Misstrauen. Es ist der Satz: »Ich will, dass du sicher bist – nicht nur heute, sondern auch morgen.« Diese Checkliste ist kein Vertrag gegen die Liebe, sondern ein Fundament für sie. Denn echte Gleichberechtigung entsteht nicht durch große Worte, sondern durch klare Regeln, die beide schützen – mit Herz, Humor und Handschlag.

9 Beratung für Paare – gemeinsam stark statt juristisch hilflos

Wie und wo man sich absichern kann – und warum eine gute Anwältin (oder ein guter Anwalt) die Beziehung nicht stört, sondern schützt.

Der Irrglaube: »*Wir schaffen das alleine.*« Es klingt stark, selbstbewusst, frei: »*Wir brauchen keine Verträge – wir vertrauen uns.*« Ein Satz, der nach Liebe klingt, aber oft nach Naivität riecht. Oder würdest du auch sagen: »*Ich brauche keinen Anschnallgurt – ich bin ein guter Autofahrer.*«

Insbesondere vor dem Hintergrund, dass in Deutschland ca. jede dritte Ehe geschieden wird. Viele Paare wollen ihre Beziehung bewusst unabhängig halten – ohne Bürokratie, ohne Anwältin, ohne Notar. Sie glauben, es sei unromantisch, die Liebe »zu verrechtlichen«. Doch die Wahrheit ist: Ohne Fachwissen bewegen sich Paare im Nebel. Sie wissen nicht, welche Gesetze im Hintergrund gelten, welche Risiken bestehen oder welche Verpflichtungen sie längst eingegangen sind – oft ohne es zu merken.

Das Ergebnis sehe ich regelmäßig in meiner Kanzlei:

» **Jana & Tobias – Haus aus Liebe**

Jana und Tobias kauften gemeinsam ein Haus. Weil Tobias die Finanzierung übernahm, steht nur er im Grundbuch. Jana zahlte dafür sämtliche Nebenkosten, Möbel, Garten, Küche – und blieb mehrere Jahre in Teilzeit, um sich um die Kinder zu kümmern. Nach der Trennung wollte sie zumindest ihren Anteil am Haus. Doch rechtlich gehört ihr nichts. Tobias bot ihr »aus Fairness« 5.000 € an – ein Bruchteil dessen, was sie in Geld und Lebenszeit investiert hatte. Es war kein böser Wille. Es war Unwissen.

Liebe schützt nicht vor juristischer Realität. Der Satz »*Wir regeln das schon irgendwie*« ist einer der gefährlichsten in einer Partnerschaft – gleich nach »*Das Haus läuft einfach auf deinen Namen*«. Wer sich nicht informiert, verliert im Zweifel das, was eigentlich gerecht wäre: den eigenen Beitrag, die eigene Absicherung, die eigene Stimme.

9.1 Warum Beratung keine Bedrohung ist

Ein Gespräch mit einer Anwältin ist kein Eingeständnis von Misstrauen – sondern ein Ausdruck von Verantwortung. Es ist wie eine Gesundheitsvorsorge für die Beziehung: Man prüft, ob alles stabil ist, bevor es schmerzt. Juristische Beratung bedeutet nicht: »*Wir rechnen schon mit der Trennung.*« Sie bedeutet: »*Wir nehmen uns und unsere gemeinsame Zukunft ernst.*«

Nora & Max – Der Perspektivwechsel

Nora wollte keinen Ehevertrag – »das zerstört die Liebe«. Ihr Mann Max, Banker, bestand darauf. Widerwillig ging sie zum Termin bei einer Anwältin. Am Ende des Gesprächs war sie diejenige, die den Vertrag wollte. Sie hatte zum ersten Mal verstanden, was es bedeutet, finanziell abhängig zu sein, wenn man Kinder bekommt oder in Teilzeit arbeitet. Max sagte später lachend: »*Ich hab mich da neu in sie verliebt – als Verhandlerin.*« Eine gute Beratung schafft Augenhöhe. Sie klärt nicht nur rechtliche Fragen, sondern verändert den Blick auf Fairness. Denn was ist romantischer als ein Partner, der sagt: »*Ich will, dass du genauso abgesichert bist wie ich.*«

9.2 Wo Paare sich Hilfe holen können

Gute Beziehungen scheitern selten an mangelnder Liebe, sondern an mangelnder Kommunikation – und fehlender Information. Es gibt viele Stellen, die unterstützen, bevor etwas schiefgeht.

Familienanwältinnen – die Übersetzerinnen zwischen Liebe und Recht

Fachanwältinnen für Familienrecht helfen, Vereinbarungen zu treffen, bevor sie zum Streitfall werden. Sie wissen, wo typische Fallstricke lauern - bei Immobilien, Renten, Care-Arbeit oder Vermögen. Sie gestalten Eheverträge, Partnerschaftsvereinbarungen oder Vorsorgeregelungen - und erklären, was davon wirklich fair, sinnvoll und durchsetzbar ist.

Josy& Cem– Der Ehevertrag als Rettungsanker

Unternehmer Cem wollte seine Firma schützen, seine Frau Josy wollte Sicherheit.

Im Gespräch mit einer Anwältin fanden sie eine Lösung: Unternehmensanteile blieben außen vor, dafür erhielt Josy einen jährlichen Care-Bonus und Anspruch auf hälftiges Immobilienvermögen. Statt Streit gab es Erleichterung – beide fühlten sich gehört.

Notarinnen – die Hüterinnen der Rechtswirksamkeit

Einige Vereinbarungen sind nur gültig, wenn sie notariell beurkundet werden (§ 1410 BGB). Der Notar sorgt dafür, dass beide Seiten verstehen, was sie unterschreiben, und dass keine Partei benachteiligt wird. Er ist neutral - kein »Richter«, sondern ein Garant für Rechtssicherheit.

Mediation & Coaching – reden, bevor's kracht

Mediation ist kein Zeichen von Krise, sondern von Reife. Sie hilft, Konflikte zu klären, bevor sie rechtliche Dimensionen annehmen. Eine Mediatorin begleitet Gespräche über Erwartungen, Werte, Fairness - ohne Paragrafen, aber mit Struktur.

Achtung: Bitte prüft vorab ganz genau die Qualifikationen der Mediatoren und Coaches.

Finanz- und Steuerberatung – Fairness muss sich auch rechnen

Liebe kann vieles, aber sie ersetzt keine Finanzplanung. Wer gemeinsam lebt, sollte wissen, was steuerlich sinnvoll, rentenrechtlich wichtig und wirtschaftlich machbar ist.

Finanzberaterinnen helfen bei:

- Altersvorsorge und Rentenlücken
- Immobilienkauf und Vermögensaufteilung
- Versicherungen und Investmentstrategien

Chrissi & Alex – Der blinde Fleck

Chrissi und Alex legten Geld gemeinsam an – auf seinem Depot. Nach der Trennung war alles weg. Rechtlich war es seins. Ein einfacher Vertrag oder separates Konto hätte gereicht. Juristische Klarheit ohne finanzielle Planung ist nur die halbe Miete – im wahrsten Sinne des Wortes.

9.3 Typische Fragen für die Beratung

Gute Beratung beginnt mit guten Fragen. Je ehrlicher Paare über ihre Situation sprechen, desto besser kann man sie schützen.

Fragen, die jedes Paar stellen sollte:

- Wie sichern wir Care-Arbeit konkret ab?
- Was passiert mit unserem Haus im Falle einer Trennung oder eines Todesfalls?

- Wie vermeiden wir einseitige Abhängigkeiten?
- Wie kombinieren wir Ehevertrag, Testament und Vorsorgevollmacht?
- Welche steuerlichen Folgen haben unsere Vereinbarungen?
- Und die wichtigste: *Was fühlt sich für uns beide fair an – auch in 20 Jahren?*

9.4 Die Rolle der Anwältin als »Beziehungsschützerin«

Eine gute Familienanwältin ist kein »Scheidungsengel« – sie ist eine Architektin der Gerechtigkeit. Sie baut Brücken zwischen Emotion und Recht, zwischen Liebe und Logik.

Anwältinnen retten keine kaputten Beziehungen – sie verhindern, dass gute Beziehungen an Ungleichgewicht zerbrechen. Sie sind keine Gegnerinnen, sondern Verbündete – für Paare, die Gleichberechtigung nicht nur fühlen, sondern leben wollen.

Julia & Vincent – Der Aha-Moment

Julia und Vincent kamen zum Beratungstermin »nur zur Sicherheit«.

Beide dachten, sie hätten an alles gedacht.

Nach einer Stunde Gespräch merkten sie, dass sie unbewusst alte Rollenmuster lebten:

Er verwaltete das Geld, sie organisierte den Rest.

Sie gingen mit einer neuen Vereinbarung – und einem neuen Verständnis von Partnerschaft.

Beratung verändert nicht nur Verträge – sie verändert Denkmuster.

Und das ist vielleicht die wertvollste Form von Gerechtigkeit.

9.5 Reflexionsfragen

- Haben wir uns professionell beraten lassen – oder nur gegoogelt?
- Kennen wir die rechtlichen Folgen unserer Entscheidungen wirklich?
- Wissen wir, wem was gehört – und was wir füreinander regeln wollen?
- Wäre Mediation oder ein Coaching hilfreich, um Erwartungen abzugleichen?

Wer hilft wann?

Thema	Expertin	Nutzen
Ehe- und Partnerschaftsverträge	Fachanwältin für Familienrecht	Gestaltung, Fairness, Rechtssicherheit
Beurkundung & Eigentum	Notarin	Wirksamkeit, Schutz vor Ungleichgewicht
Kommunikation & Konflikte	Mediatorin	Verständnis & Konsens statt Streit
Finanzen & Vorsorge	Steuer- oder Finanzberaterin	Planung, Absicherung, Altersvorsorge

Beratung ist kein Misstrauen – sie ist Fürsorge. Sie bedeutet: *Ich will, dass du sicher bist. Ich will, dass wir beide stark bleiben – auch wenn das Leben uns prüft.* Ein gutes Gespräch mit einer Anwältin oder einem Notar ersetzt keine Liebe. Aber es schützt sie vor dem, was man mit Liebe allein nicht regeln kann.

10 Kommunikation, Macht & Geld – Die Psychologie hinter Fairness

Warum Geldgespräche Machtfragen sind.

Geld ist nie nur Geld. Es ist Symbol, Maßstab, Sprache – und oft auch ein Mittel zur Steuerung. In Beziehungen spiegelt sich darin nicht nur, was Paare besitzen, sondern was sie voneinander erwarten. Wer über Geld spricht, spricht über Verantwortung, Selbstwert und Kontrolle. Viele glauben, finanzielle Fragen seien reine Organisation – dabei sind sie Beziehungsfragen. Sie bestimmen, wer Entscheidungen trifft, wer Einfluss hat, wer Freiheit erlebt und wer Abhängigkeit spürt. Macht ist dabei kein böses Wort. Jede Beziehung hat Machtverhältnisse – sie werden nur selten bewusst gestaltet. Und gerade beim Thema Geld bleibt vieles unausgesprochen. Die Partnerin, die »mal eben« die Kinderkleidung bezahlt. Der Partner, der das Haushaltskonto verwaltet, weil er »sich damit besser auskennt«. Es sind diese kleinen Automatismen, die darüber entscheiden, wie gleichberechtigt eine Beziehung tatsächlich ist.

10.1 Die leise Macht der Unwissenheit

Einer der häufigsten Auslöser für Ungleichheit ist nicht die böse Absicht, sondern das bequeme Nichtwissen. »Ich kann das nicht so gut mit Zahlen«, »Ich hab den Überblick nicht« oder »Das machst du doch eh lieber« – solche Sätze wirken harmlos, sind aber Ausdruck von jahrzehntelanger Sozialisierung. Ein Verhalten, das in privaten Beziehungen ebenso existiert wie in Arbeitskontexten. Beim Thema Finanzen äußert sich das häufig darin, dass einer von beiden den Überblick hat – und der andere sich darauf »verlässt«. Das klingt pragmatisch, ist aber hochproblematisch. Denn Macht entsteht dort, wo Wissen konzentriert ist, und Abhängigkeit dort, wo Unwissen bequem wird.

» Er sagt: »Ich verstehe diese Versicherungen nicht, du bist da besser drin.«

Sie kümmert sich, organisiert, zahlt, verwaltet. Ein Jahr später: Er weiß nicht, welche Policen existieren, welche Verpflichtungen bestehen, welche Fristen laufen.

Das ist kein Einzelfall, sondern Alltag.

Wenn nur einer weiß, wie die Finanzen funktionieren, entsteht eine strukturelle Ungleichheit – selbst in liebevollen Beziehungen. Im Trennungsfall wird sie fatal: Der eine weiß, wo die Unterlagen liegen, der andere nicht einmal, was versichert ist.

Das ist kein Zeichen von Bosheit, sondern von Bequemlichkeit – aber die Wirkung ist dieselbe: Sie entzieht Verantwortung und überfordert den anderen.

10.2 Warum ungleiche Kompetenz ungleiche Macht bedeutet

Wissen ist Macht – das gilt auch im Privaten. Wer sich auskennt, trifft Entscheidungen.

Wer »nicht so gut damit umgehen kann«, akzeptiert Entscheidungen. Wenn einer die Finanzen führt, Investitionen plant, Steuerunterlagen einreicht, Versicherungen abschließt – und der andere »sich darauf verlässt« –, entsteht ein Machtgefälle, das sich schleichend verfestigt. Nicht, weil jemand Kontrolle anstrebt, sondern weil Bequemlichkeit belohnt wird.

Und doch: In der Sprache der Gleichberechtigung ist Bequemlichkeit ein stiller Gegner. Sie lässt alte Strukturen unbemerkt weiterleben – nur mit freundlicherem Tonfall. Weaponized Incompetence ist damit eine moderne Form des Patriarchats: freundlich, unbewusst, aber wirkungsvoll.

10.3 Kommunikation über Finanzen – Bewusstsein statt Beschuldigung

Der Schlüssel liegt darin, Muster zu erkennen, ohne Schuld zuzuweisen. Wer das Gefühl hat, zu viel Verantwortung zu tragen, sollte dies nicht als Vorwurf formulieren (»Du machst gar nichts«), sondern als Bedürfnis (»Ich wünsche mir, dass du Verantwortung mitträgst«).

In Beratungsgesprächen hilft es, Fragen zu stellen statt Vorwürfe zu formulieren:

- Wer führt bei uns die Buchhaltung des Lebens?
- Wer weiß, was monatlich abgeht – und warum?
- Wer trifft Investitionsentscheidungen – und auf welcher Basis?
- Wer weiß, was passiert, wenn einer von uns ausfällt?

Solche Gespräche wirken zunächst unangenehm, doch sie schaffen Transparenz, denn Transparenz ist die einzige Grundlage für Fairness.

10.4 Ungleichheit und Emotionen

Finanzielle Ungleichheit erzeugt emotionale Ungleichheit. Derjenige, der zahlt, glaubt häufig, mehr zu leisten. Derjenige, der verwaltet, fühlt sich belastet. Und derjenige, der »nicht mit Geld umgehen kann«, wird ungewollt abhängig. Das Perfide ist, dass es Nähe vortäuscht: »Ich vertraue dir so sehr, dass ich das alles dir überlasse.« Tatsächlich aber isoliert sie. Denn Vertrauen ohne Wissen ist keine Augenhöhe – es ist Kontrollverzicht.

10.5 Wege aus der Kompetenzfalle

Um Gleichgewicht herzustellen, müssen beide Partner das System verstehen, in dem sie leben. Nicht beide müssen Buchhalter werden, aber beide müssen wissen, was sie unterschreiben.

Praktische Schritte:

1. **Wissen sichtbar machen:**
   Erstellen Sie gemeinsam eine Übersicht aller Konten, Versicherungen, Schulden, Verträge. Beide sollten jederzeit Zugriff darauf haben.

2. **Zuständigkeiten rotieren:**
   Lassen Sie Aufgaben bewusst wechseln – etwa wer überweist, wer Verträge prüft, wer Steuerunterlagen vorbereitet. So wird Wissen geteilt, nicht monopolisiert.

3. **Wissenslücken anerkennen – und schließen:**
   »Ich kann das nicht« darf keine Ausrede sein. Jeder kann es lernen. Niemand ist von Natur aus schlecht mit Geld, Buchhaltung oder Zahlen – man hat es nur nie gelernt.

4. **Verantwortung benennen:**
   Wer führt, wer kontrolliert, wer entscheidet? Einmal festgehalten, lassen sich Rollen bewusst gestalten.

10.6 Praxisübungen

Übung 1: Der Finanz-Wechsel-Tag

Jeder übernimmt für einen Monat die Aufgaben des anderen.

Der eine kümmert sich um Budget und Verträge, der andere um Organisation und Planung.

Am Ende wird besprochen: Was fiel schwer? Was fiel auf?

Die Ergebnisse sind oft verblüffend – und führen zu echtem Respekt.

Übung 2: Das Finanzinventar

Gemeinsam eine Liste aller Einnahmen, Ausgaben, Versicherungen, Rücklagen, Darlehen erstellen.

Ziel ist nicht Kontrolle, sondern Überblick.

Denn wer weiß, wo er steht, kann gestalten.

Übung 3: Die Kompetenzgespräche

Statt »Ich kann das nicht«, lautet die neue Haltung: »Ich lerne das.«

Beide Partner suchen gemeinsam Informationsquellen, Kurse, Beratung – und entwickeln Wissen als gemeinsames Projekt.

10.7 Selbsttest – Wer hat bei uns die finanzielle Macht?

1. Weiß ich, welche Verträge wir abgeschlossen haben?
2. Könnte ich allein eine Steuererklärung abgeben?
3. Habe ich Zugriff auf alle Konten?
4. Kann ich nachvollziehen, wie unsere monatlichen Ausgaben strukturiert sind?
5. Könnte ich im Notfall selbst entscheiden, welche Verpflichtungen weiterlaufen müssen?
6. Würde mein Partner oder meine Partnerin dasselbe über sich sagen?

Wenn mehr als zwei Fragen mit »Nein« beantwortet werden, besteht Handlungsbedarf.

Denn Gleichberechtigung endet dort, wo Wissen asymmetrisch verteilt ist.

Fairness ist kein Zufallsprodukt. Sie entsteht durch Wissen, Kommunikation und Verantwortung. Geld ist kein technisches Thema. Es ist ein emotionales Machtmittel, das Beziehungen stabilisieren oder vergiften kann. Wer sich gegenseitig befähigt, schafft Augenhöhe. Wer Verantwortung teilt, schafft Sicherheit. Und wer sagt: »Ich kann das nicht, aber ich will es lernen«, schafft die Grundlage für echte Gleichberechtigung. Fairness beginnt nicht mit Paragrafen – sie beginnt mit Ehrlichkeit. Und Ehrlichkeit bedeutet, nicht länger zu sagen: »Ich kann das nicht«, sondern: »Ich will es können – mit dir.«

11 Was bleibt: Beziehung, Recht und Zukunftssicherheit

Ein Ausblick für die nächste Generation Paare.

Es gibt diesen Satz, den fast jedes Paar irgendwann sagt: »Wir lieben uns – das reicht.«

Er klingt schön. Warm. Richtig. Aber er ist gefährlich. Denn Liebe ist ein Gefühl, kein Vertrag.

Sie trägt durch Höhen und Tiefen, aber sie ist kein Ersatz für Strukturen, keine Garantie für Fairness, keine Versicherung gegen Ungleichgewicht. Viele Paare glauben, sie könnten Konflikte mit »Herz und Vernunft« lösen – und brauchen keine rechtlichen Regelungen. Doch in Wahrheit scheitern Beziehungen nicht, weil die Liebe weniger wert war, sondern weil die Strukturen drum herum fehlten. Das Familienrecht, Eheverträge und Partnerschaftsvereinbarungen sind keine kalten Konstrukte – sie sind Sicherheitsnetze für echte Liebe. Sie schaffen Klarheit, wo Gefühle überfordern, und Fairness, wo Emotionen blenden.

Wer Verantwortung liebt, der regelt sie. Nicht, weil man ans Ende denkt, sondern weil man die Zukunft ernst nimmt.

11.1 Beziehung bedeutet auch Verantwortung

Wenn zwei Menschen sich füreinander entscheiden, dann sagen sie nicht nur *»Ich liebe dich«*, sondern auch: *»Ich übernehme Verantwortung – für dich, für uns, für das, was wir gemeinsam aufbauen.«* Verantwortung beginnt nicht erst beim Heiratsantrag, sondern schon beim ersten gemeinsamen Entschluss: zusammenziehen, ein Konto teilen, ein Kind bekommen, eine Immobilie kaufen, füreinander da sein. Diese Verantwortung zeigt sich in den großen Momenten – aber sie bewährt sich in den kleinen. Wenn einer auf Karriere verzichtet, damit der andere mehr arbeiten kann. Wenn jemand die

Nächte durchwacht, während der andere schläft. Wenn Pflege, Kinder, Haushalt und Alltag an einer Person hängen bleiben – oft unbemerkt, aber spürbar. Viele Beziehungen scheitern nicht an Gefühlen, sondern an stillen Ungleichgewichten.

An dem unausgesprochenen Satz: »*Ich dachte, das wäre selbstverständlich.*«

Sina & Julian – Der jährliche Ehe-Check-in

Sina und Julian, verheiratet seit acht Jahren, führen jedes Jahr einen »Ehe-TÜV« durch.

Sie setzen sich hin, sprechen über Geld, Care-Arbeit, Zukunftspläne, Wünsche.

Sie fragen sich: »Fühlen wir uns beide gesehen?«

»Ist die Aufteilung fair?«

»Gibt es etwas, das einer von uns vermisst?«

Sina sagt: »Das klingt unromantisch, aber es ist das Romantischste, was wir tun. Weil es zeigt, dass wir uns nicht selbstverständlich nehmen.«

Verantwortung bedeutet, nicht wegzuschauen.

Sondern ehrlich hinzusehen – mit Liebe, Respekt und Mut.

11.2 Die nächste Generation Paare

Unsere Gesellschaft wandelt sich – und mit ihr die Liebe. Immer mehr Paare wollen Gleichberechtigung nicht nur fühlen, sondern leben. Sie wissen: Echte Partnerschaft bedeutet nicht Verschmelzung, sondern Kooperation. Nicht »eins werden«, sondern »zwei bleiben – auf Augenhöhe«.

Die Generation unserer Eltern dachte: »Er verdient, sie kümmert sich.« Unsere Generation denkt: »Wir beide tragen.« Und die Generation unserer Kinder sagt: »Wir machen es besser – von Anfang an.« Laut einer Studie des BMFSFJ (2023) wünschen sich **82 % der 25- bis 40-jährigen Paare eine vollständig gleichberechtigte Partnerschaft** – bei Einkommen, Care-Arbeit und Entscheidungen. Aber nur **30 %** leben sie tatsächlich. Warum? Weil Strukturen, Erwartungen und gesellschaftliche Muster oft noch im Weg stehen.

Die gute Nachricht: Diese Lücke lässt sich schließen – mit Aufklärung, Offenheit und Recht.

Nadja & Tim – Gleichberechtigung als Liebessprache

Nadja (32) und Tim (34) leben zusammen, beide selbstständig.

Sie haben kein Eheversprechen, aber sie haben Vereinbarungen:

Wer weniger verdient, bekommt Rentenzuschüsse.

Wer mehr Care-Arbeit leistet, bekommt Freizeitausgleich oder Beteiligung an gemeinsamen Investments.

»Wir machen keine klassische Rollenverteilung«, sagt Nadja.

»Wir machen Vereinbarungen – weil wir beide gleich viel wert sind.«

Diese Haltung ist keine »unromantische Härte«.

Sie ist das Fundament einer neuen Art von Liebe – frei, fair und bewusst.

Am Ende dieses Buches steht keine Checkliste, kein Paragraf, kein Ratschlag. Sondern eine Haltung. Es geht nicht darum, edes Detail vertraglich abzusichern, sondern darum, die **großen Fragen ehrlich** zu beantworten:

- Bin ich finanziell abgesichert, wenn das Leben anders läuft als geplant?
- Wird meine Arbeit – auch wenn sie unsichtbar ist – anerkannt?
- Können wir uns trennen, ohne uns zu zerstören?
- Leben wir wirklich Gleichberechtigung – oder nur das, was sich so anfühlt?

Wenn Paare den Mut haben, diese Fragen gemeinsam zu beantworten, entsteht eine neue Form von Vertrauen – tiefer als jede Liebeserklärung.

» **Pia & Sebi – Liebe mit Rückhalt**

Pia und Sebi sind seit über 20 Jahren verheiratet.

Schon früh haben sie ihre Vereinbarungen getroffen: Ehevertrag, Vorsorgevollmachten, Testament.

»Wir wollten uns nie über Geld streiten«, sagt Sebi.

»Dadurch konnten wir uns auf das Wesentliche konzentrieren: unsere Liebe.«

Fairness ist keine Nebensache.

Sie ist das Fundament, auf dem eine Beziehung wächst – stabil, ehrlich, sicher.

11.3 Empowerment statt Naivität

Dieses Buch ist ein Plädoyer. Für Paare, die Verantwortung als Liebesbeweis verstehen. Für Frauen, die wissen, dass Care-Arbeit Arbeit ist. Für Männer, die verstanden haben, dass Gleichberechtigung kein Verlust ist, sondern ein Gewinn – für alle. Wir leben in einer Zeit, in der wir die Spielregeln neu schreiben dürfen. In der Paare nicht gegeneinander, sondern miteinander planen. In der Recht kein kalter Spiegel, sondern ein Werkzeug für Fairness ist.

Empowerment bedeutet, das eigene Leben zu gestalten – nicht darauf zu hoffen, dass es sich »irgendwie regelt«. Es bedeutet, Wissen zu haben. Verantwortung zu übernehmen.

Und Entscheidungen bewusst zu treffen – nicht aus Angst, sondern aus Selbstvertrauen.

» **Justine & Jens – Das Vorbild für die Kinder**

Justine und Jens sind Eltern von zwei Töchtern.

Sie sprechen offen über Geld, Arbeitsteilung und Vorsorge.

Ihre Kinder hören mit, wenn sie sagen:

»Wir teilen, weil wir uns respektieren – nicht, weil es einer muss.«

Justine sagt: »Ich will, dass meine Töchter sehen: Gleichberechtigung ist nichts, was man fordert – sie ist etwas, das man lebt.«

Gleichberechtigung beginnt zu Hause – und sie bleibt nicht folgenlos.

Sie prägt Generationen.

11.4 Reflexionsfragen

- Welche Botschaft wollen wir unseren Kindern über Gleichberechtigung mitgeben?
- Was bedeutet für uns eine »faire Beziehung« – im Alltag, nicht nur im Gefühl?
- Haben wir unsere Vereinbarungen regelmäßig überprüft, oder hoffen wir, dass alles »gut geht«?
- Wie definieren wir »Verantwortung füreinander« in modernen Beziehungen?

Der jährliche Beziehungs-Check-in

Einmal im Jahr bewusst innehalten – und prüfen:

- **Finanzen:** Sind Einkommen, Vorsorge und Eigentum noch fair verteilt?
- **Aufgaben:** Ist Care-Arbeit ausgeglichen oder einseitig geworden?

- **Vorsorge:** Sind Vollmachten, Versicherungen, Testament aktuell?
- **Wertschätzung:** Wissen wir beide, was der andere täglich leistet?

Vielleicht ist Gleichberechtigung die erwachsenste Form der Liebe. Sie braucht Mut, Wissen und den Willen, Verantwortung zu übernehmen. Die nächste Generation Paare wird nicht fragen: »*Wer hat die Hosen an?*« Sondern: »*Wie bleiben wir beide frei – und trotzdem verbunden?*« Wenn Paare beginnen, Fairness zu verhandeln, bevor das Leben sie dazu zwingt, entsteht eine neue Kultur: Eine Liebe, die nicht naiv, sondern nachhaltig ist. Eine Partnerschaft, die nicht von Abhängigkeit, sondern von gegenseitigem Respekt lebt.

Denn am Ende bleibt: Liebe, Respekt und Wissen.

12 Finanzbildung für Paare – Wissen ist Macht

Warum finanzielle Bildung Beziehungskompetenz ist.

In kaum einem Lebensbereich zeigt sich Macht so still und so dauerhaft wie beim Geld. Wer weiß, wie Finanzen funktionieren, kann gestalten. Wer sich nicht auskennt, bleibt abhängig – manchmal über Jahre hinweg, ohne es zu merken. Finanzbildung ist keine Luxuskompetenz, sondern eine Lebensnotwendigkeit. Sie entscheidet darüber, ob Paare gemeinsam Vermögen aufbauen oder unbewusst Strukturen schaffen, die nur einem nützen. In vielen Beziehungen gibt es den »Finanzmenschen« – meist eine Person, die sich um Konten, Verträge und Versicherungen kümmert. Der andere ist froh, »das nicht machen zu müssen«. Das wirkt pragmatisch – ist aber gefährlich. Denn Unwissen schützt nicht, sondern macht verwundbar. Gerade in Trennungssituationen zeigt sich, wie groß der Unterschied zwischen »Vertrauen« und »Verstehen« ist. Vertrauen ist emotional, Verstehen ist strukturell und beides zusammen ist finanzielle Gleichberechtigung.

12.1 Grundwissen zu Vermögen, Vorsorge und Investments

Finanzbildung beginnt nicht mit Aktien, sondern mit Verständnis.

Es geht darum, die eigene wirtschaftliche Lage zu kennen – nicht nur grob, sondern präzise.

Vermögen

Vermögen ist die Summe dessen, was Ihnen gehört, abzüglich dessen, was Sie schulden.

Zum Vermögen gehören:

- Bankguthaben,
- Wertpapiere und Fonds,
- Immobilien,
- Beteiligungen,
- Fahrzeuge,
- Versicherungen mit Rückkaufswert,
- sonstige Sachwerte (Kunst, Schmuck etc.).

Die meisten Menschen überschätzen ihr Vermögen und unterschätzen ihre Verpflichtungen.

Deshalb ist Transparenz der erste Schritt zu Fairness: Beide Partner sollten wissen, welche Vermögenswerte existieren und wie sie verteilt sind.

Vorsorge

Vorsorge ist das unsichtbare Rückgrat einer Beziehung. Sie entscheidet darüber, ob einer von beiden im Alter abgesichert ist – oder auf Unterstützung angewiesen bleibt.

Die drei Säulen der Altersvorsorge in Deutschland sind:

1. **Gesetzliche Rente**
   Rentenpunkte entstehen durch sozialversicherungspflichtige Beschäftigung. Wer Care-Arbeit leistet, bekommt für Kindererziehungszeiten Zuschläge – aber nur begrenzt.
2. **Betriebliche Altersvorsorge (bAV)**
   Wird häufig über den Arbeitgeber angeboten. Sie kann durch Entgeltumwandlung (Bruttolohnverzicht) aufgebaut werden.
3. **Private Vorsorge**
   Dazu zählen Riester-, Rürup-, ETF-Sparpläne, Immobilien oder private Rentenversicherungen.

Besonders wichtig für Paare: Wenn einer Teilzeit arbeitet oder aussetzt, muss die Vorsorge aktiv ausgeglichen werden – etwa durch gemeinsame Einzahlungen oder private Sparverträge.

Investments

Investieren bedeutet nicht zwangsläufig »an der Börse zocken«. Es bedeutet, Geld gezielt in Zukunft zu verwandeln. Ob ETF, Immobilien oder Unternehmensbeteiligung – entscheidend ist, dass beide Partner verstehen, **was** investiert wird und **warum.** Eine Beziehung, in der nur einer die Anlageentscheidungen trifft, schafft langfristig ein Machtgefälle. Finanzielle Bildung ist also Beziehungsgestaltung – sie sorgt dafür, dass beide Partner wissen, was mit ihrem Geld passiert.

12.2 Wie Paare gemeinsam finanzielle Sicherheit aufbauen

Finanzielle Sicherheit entsteht nicht durch hohes Einkommen, sondern durch Struktur. Viele Paare haben ein gutes Einkommen, aber kein System. Ein System bedeutet: Geld hat Zweck, Richtung und Transparenz.

Schritt 1: Offenheit schaffen

Beide Partner legen ihre finanzielle Situation offen: Einkommen, Schulden, Verpflichtungen, Versicherungen, Vermögen.

Das Gespräch darüber ist oft der schwierigste, aber wichtigste Teil.

Schritt 2: Ziele definieren

Was bedeutet Sicherheit für uns?

Eigentum? Schuldenfreiheit? Weltreise? Kinderbetreuung ohne Druck?

Wer gemeinsame Ziele formuliert, kann Finanzen als Team gestalten.

Schritt 3: Verantwortung teilen

Ein Partner kann sich den Überblick verschaffen, der andere kontrolliert und entscheidet mit.

Beide müssen verstehen, was unterschrieben wird.

Schritt 4: Vorsorge individuell planen

Unabhängigkeit heißt: Jeder hat eine eigene Altersvorsorge.

Gleichzeitig können gemeinsame Investments die Partnerschaft stärken – etwa durch Sparpläne oder eine gemeinsame Immobilie.

Schritt 5: Regelmäßige Finanzgespräche

Einmal jährlich ein fester »Finanztag«: Bilanz ziehen, Vorsorge prüfen, Sparrate anpassen, neue Pläne besprechen.

So bleibt die finanzielle Beziehung stabil – auch wenn das Leben sich ändert.

12.3 Checkliste: Unsere fünf Finanztöpfe für Fairness

Finanzielle Gleichberechtigung funktioniert am besten, wenn Geld sichtbar strukturiert wird.

Ein einfaches Modell sind fünf Finanztöpfe, die jede Beziehung abbilden kann:

1. **Haushaltstopf**
   Für laufende Ausgaben: Miete, Strom, Lebensmittel, Alltag.

   Einzahlungen nach Einkommen oder hälftig – Hauptsache transparent.

2. **Sicherheitstopf**
   Rücklagen für Notfälle: Reparaturen, Krankheitszeiten, Jobverlust.

   Faustregel: Drei bis sechs Monatsgehälter.
3. **Zukunftstopf**
   Gemeinsames Sparen für langfristige Ziele: Immobilie, Ausbildung, Selbstständigkeit.
4. **Vorsorgetopf**
   Private Rentenversicherung, ETF oder Immobilie – individuell oder gemeinsam.

   Wichtig: Beide Partner sollen eigene Vorsorgestrukturen haben.
5. **Freiheitstopf**
   Geld für persönliche Wünsche – Reisen, Hobbys, Vergnügen.

   Dieser Topf ist entscheidend für Unabhängigkeit: Jeder hat eigenes Geld, über das er allein verfügen kann.

Wer diese fünf Töpfe gemeinsam führt, verbindet wirtschaftliche Sicherheit mit emotionaler Unabhängigkeit. Es geht nicht darum, alles zu teilen – sondern darum, bewusst zu entscheiden, was man teilt.

» **Eddy & Lena – Nach der Trennung alles verloren – und wieder aufgebaut**

Eddy und Lena waren zehn Jahre verheiratet.

Er verdiente gut, sie kümmerte sich um Haushalt und Kinder.

Alles lief »wie von selbst« – bis zur Trennung.

Lena hatte keine eigenen Rücklagen, keine private Vorsorge, keinen Überblick über Versicherungen.

Das Haus lief auf Eddy, das Konto war gemeinschaftlich – aber er zog aus, nahm die Unterlagen mit.

Als sie in die Kanzlei kam, sagte sie:

»Ich war nie unglücklich – aber ich habe mich nie gekümmert. Ich dachte, das gehört so.«

Drei Jahre später sieht die Bilanz anders aus.

Lena hat einen eigenen ETF-Sparplan, eine private Rentenversicherung, ein Notgroschenkonto und arbeitet wieder Vollzeit.

Sie sagt:

»Ich habe gelernt, dass Wissen die beste Altersvorsorge ist.«

Ihr Fall steht stellvertretend für viele.

Unwissenheit ist teuer.

Finanzbildung kostet Zeit – aber sie zahlt sich aus, in Selbstbestimmung und Würde.

12.4 Unser Sparplan-Template & Altersvorsorge-Rechner

Sparplan-Template (vereinfachte Version für Paare)

Ziel	Laufzeit	Monatliche Rate	Wer zahlt ein	Kontotyp	Bemerkungen
Notgroschen	12 Monate	200 €	Beide	Tagesgeld	Mindestens 3.000 € Zielsumme
Urlaub	6 Monate	150 €	Anna & Max	Gemeinschaftskonto	Jährlicher Reset
Private Rente Anna	30 Jahre	250 €	Anna	ETF	70 % MSCI World, 30 % EM
Private Rente Max	30 Jahre	250 €	Max	ETF	100 % MSCI ACWI
Immobilienrücklage	laufend	100 €	Beide	Bausparkonto	monatlich prüfen

Mini-Altersvorsorge-Rechner (vereinfachte Faustformel)

Rentenlücke = gewünschtes Monatseinkommen im Alter – erwartete gesetzliche Rente

» Gewünschtes Alterseinkommen: 2.500 €

Gesetzliche Rente laut Renteninformation: 1.500 €

→ Rentenlücke = 1.000 €

Um diese Lücke zu schließen, benötigen Sie bei einer konservativen Rendite von 3 % rund 400.000 € Kapital bis Rentenbeginn.

Das klingt viel, ist aber machbar – mit einem regelmäßigen Sparplan über 30 Jahre à 350 € monatlich.

Finanzbildung bedeutet: Die Zahlen zu kennen, statt sie zu fürchten.

Geld ist keine Privatsache, sondern eine Beziehungssache. Wer als Paar über Geld spricht, lernt Verantwortung, Vertrauen und Respekt. Finanzbildung ist dabei keine lästige Pflicht, sondern ein Liebesbeweis: »Ich will, dass du sicher bist – auch ohne mich.« Paare, die sich finanziell bilden, schaffen nicht nur Stabilität, sondern emotionale Ruhe. Denn wer weiß, was er hat, verliert die Angst, was er verlieren könnte. Wissen schützt. Und wer Wissen teilt, teilt Macht.

13 Beziehungsgespräch in der Praxis – So redet ihr über Geld, ohne euch zu verlieren

Warum gute Gespräche über Geld selten spontan gelingen.

Es gibt Themen, die brauchen Vorbereitung. Ein Gespräch über Geld gehört dazu.

Nicht, weil es unromantisch wäre – sondern, weil es Macht, Sicherheit und Verletzlichkeit berührt. In fast jeder Paarberatung, in jeder anwaltlichen Mandatsbesprechung taucht irgendwann ein Satz auf wie: »Ich wollte das schon lange ansprechen – aber ich wusste nicht wie.« Geld ist kein Zahlenthema. Es ist ein Beziehungsthema. Es steht für Wert, Vertrauen, Respekt – und für Angst, Verlust, Schuld. Wer also über Geld redet, spricht immer auch über Liebe. Nur ehrlicher.

13.1 Der richtige Zeitpunkt – und was man vermeiden sollte

Ein Geldgespräch sollte nie inmitten eines Streits beginnen. Nicht zwischen Wäschebergen, Rechnungen oder am Sonntagabend, wenn beide müde sind. Der richtige Zeitpunkt ist neutral, geplant und geschützt. Wie ein Arzttermin für die Beziehung.

Dos:

- Termin bewusst setzen: »Lass uns am Freitagabend über unsere Finanzen sprechen – ich bring Wein mit.«
- Beide Partner müssen vorbereitet sein: Jeder bringt seine Sicht mit.
- Keine Ablenkung, keine Vorwürfe, kein Handy.

Donts:

- Nie mitten im Streit (»Du kümmerst dich ja um gar nichts!«).
- Nie aus Panik (»Ich hab' Angst, dass du alles verprasst!«).
- Nie als Machtspiel (»Ich verdiene mehr, also entscheide ich.«).

13.2 Typische Gesprächssituationen – und wie man sie meistert

a) Situation 1: Ungleiches Einkommen

Sie: »Ich verdiene weniger, aber ich arbeite doch genauso viel – nur anders.«

Er: »Aber ich bringe das Geld heim, davon leben wir doch.«

Ein klassisches Muster: Arbeit wird mit Einkommen gleichgesetzt.

Die unsichtbare Leistung – Kinderbetreuung, Organisation, Pflege – fällt hinten runter.

So gelingt das Gespräch:

- Formulieren statt bewerten: »Ich möchte, dass meine Arbeit denselben Wert hat – auch wenn sie sich anders zeigt.«
- Konkrete Vereinbarungen treffen:
  - –→ prozentuale Kostenaufteilung statt 50/50
  - –→ Care-Arbeit als Zeitwert erfassen
  - –→ Ausgleich durch Rentenbeiträge oder Sparpläne

b) Situation 2: Elternzeit & Karriereknick

Er: »Ich dachte, du willst eh ein Jahr zu Hause bleiben.«

Sie: »Ja, aber das hat Konsequenzen für meine Rente und Karriere – und das ist auch unser Thema.«

Elternzeit ist kein Privatprojekt, sondern eine Familienentscheidung.

Die Folgen – Einkommenslücken, Rentenlücken, Karriereverzögerung – treffen meist nur einen Teil.

So gelingt das Gespräch:

- Frühzeitig planen – idealerweise **vor der Geburt.**
- Vereinbaren:
  - → Dauer und Verteilung der Elternzeit
  - → Zusätzliche Rentenbeiträge des arbeitenden Partners
  - → Wiedereinstiegsmodell und ggf. Ausgleichszahlungen

Achtung: Nach § 1570 BGB besteht Anspruch auf Betreuungsunterhalt, doch dieser ist zeitlich begrenzt. Individuelle Vereinbarungen schaffen zusätzliche Sicherheit über die gesetzlichen Grenzen hinaus.

---

c) Situation 3: Hauskauf & Grundbuch

Sie: »Warum stehst nur du im Grundbuch, wenn wir beide das Haus abbezahlen?«

Er: »Weil der Kredit auf meinen Namen läuft.«

Ein häufiger Streitpunkt – oft mit fatalen Folgen.

So gelingt das Gespräch:

- Grundbuch und Kredit sind getrennte rechtliche Ebenen.
- Wer im Grundbuch steht, ist Eigentümer.
- Wer nur den Kredit zahlt, aber nicht eingetragen ist, hat keinen Eigentumsanteil.

Empfehlung:

Entweder gemeinsame Eintragung (hälftig) oder vertraglicher Ausgleich (z.B. Abfindung oder prozentuale Beteiligung am Verkaufserlös).

Hinweis: Solche Regelungen können im notariellen Ehevertrag, Partnerschaftsvertrag oder in einer separaten Vereinbarung nach § 311 BGB festgelegt werden.

---

d) Situation 4: Selbstständigkeit & finanzielle Unsicherheit

Er: »Mein Einkommen schwankt, du hast ein festes Gehalt – das gleicht sich doch aus.«

Sie: »Ich trage aber auch das Risiko, wenn du monatelang weniger verdienst.«

So gelingt das Gespräch:

- Monatliche Mindestabgaben an ein gemeinsames Konto vereinbaren.
- Notfallrücklagen bilden, um Liquiditätsschwankungen auszugleichen.
- Einkommensnachweise regelmäßig austauschen.

Hinweis: Selbstständige können im Ehevertrag variable Ausgleichsklauseln verankern, um Vermögensungleichheiten bei Scheidung abzufedern, ohne die Firma zu gefährden.

---

e) Situation 5: Pflege von Angehörigen

Sie: »Ich kümmere mich seit Monaten um deine Mutter – das ist ein Vollzeitjob.«

Er: »Ich weiß, aber wir können uns keine Pflegekraft leisten.«

Pflegearbeit ist eine der größten Unsichtbarkeiten in modernen Beziehungen. Sie kostet Zeit, Geld und Energie – und ist häufig weiblich geprägt.

So gelingt das Gespräch:

- Klare Aufgabenverteilung: Wer macht was, wann, wie lange?
- Pflegezeit und finanzielle Kompensation besprechen.
- Option: gemeinsame Entscheidung über externe Unterstützung.

Hinweis: Nach § 3 PflegeZG kann Pflegezeit beantragt werden; Partnerschaftsverträge können Ausgleichszahlungen oder Zuschüsse für Rentenbeiträge vorsehen.

Dialogbeispiele aus der Praxis

Fall 1: Das Tabuthema Geld beim Abendessen

Hanna: »Ich hab das Gefühl, du entscheidest einfach, was wir kaufen.«

Tom: »Ich dachte, du vertraust mir. Ich wollte dich nicht belasten.«

Hanna: »Aber genau das belastet mich. Ich will mitentscheiden – nicht kontrollieren.«

Tom: »Okay. Wie wäre es, wenn wir große Ausgaben erst gemeinsam besprechen?«

Ergebnis: Mehr Transparenz, weniger Schuldgefühl, klare Routine.

Fall 2: Die Angst vor der Rentenlücke

Lina: »Ich verdiene seit Jahren weniger und sorge mich um meine Zukunft.«

Max: »Ich hab nie darüber nachgedacht, dass das für dich ein Problem ist.«

Lina: »Ich will gar kein Geldgeschenk – nur, dass wir das gemeinsam angehen.«

Max: »Dann zahlen wir ab jetzt beide in deine private Rente ein.«

Ergebnis: Emotionale Sicherheit, juristische Absicherung.

Fall 3: Nach der Trennung fair bleiben

Er: »Ich will nicht, dass wir uns vor Gericht zerreißen.«

Sie: »Dann lass uns jetzt regeln, was fair ist – bevor's soweit ist.«

Ergebnis: Mediation statt Rosenkrieg, klare Regeln statt Verletzung.

13.3 Praktische Tools für das Beziehungsgespräch

- **Das 3-Konten-Modell:** eigenes Konto + Partnerkonto + gemeinsames Konto
- **Der Finanzkalender:** 1× im Quartal Gespräch über Finanzen, 1× jährlich Vertragscheck
- **Der Gleichberechtigungs-Check:** Wer übernimmt welche Aufgaben im Haushalt, in der Planung, in der Verantwortung?
- **Der Care-Kompass:** Liste aller unbezahlten Leistungen im Haushalt – sichtbar machen, wertschätzen, ausgleichen.

13.4 Wenn Gespräche nicht mehr helfen

Manchmal steckt man fest. Dann ist professionelle Unterstützung kein Scheitern, sondern Reife.

Optionen:

- **Paarmediation:** neutral, lösungsorientiert, juristisch begleitbar.
- **Coaching:** psychologisch, kommunikativ, zukunftsorientiert.
- **Anwaltliche Erstberatung:** klärt rechtliche Fragen, bevor sie emotional eskalieren.

Hinweis: Mediation kann im Ehevertrag als verpflichtende Vorstufe zu gerichtlichen Verfahren vereinbart werden. Das spart Zeit, Geld und emotionale Belastung (§ 1353 BGB i.V.m. § 156 ZPO).

13.5 Reden schützt Beziehungen – Schweigen zerstört sie

Paare, die über Geld sprechen, sind nicht unromantisch. Sie sind klug. Denn jedes offene Gespräch ist ein Stück Selbstschutz – und Beziehungsschutz zugleich. Wer den Mut hat, die unbequemen Fragen zu stellen, lebt Gleichberechtigung, statt sie nur zu fordern. Und wer das regelmäßig tut, wird feststellen: Das Gefühl von Sicherheit entsteht nicht durch Zahlen, sondern durch das Wissen, dass man einander ehrlich vertraut – auch beim Thema Geld.

14 Die Macht der Worte: Wie Paare über Geld, Verantwortung und Gerechtigkeit sprechen

Worte als Währung der Beziehung.

Gleichberechtigung beginnt nicht im Gesetz, sondern im Gespräch. Bevor sich Ungleichheit auf dem Konto zeigt, zeigt sie sich in der Sprache. In dem, *wie* wir über Geld reden – oder eben nicht reden. Viele Paare sprechen erstaunlich selten über Finanzen. Man teilt Bett, Alltag, Sorgen, vielleicht sogar Passwörter – aber keine Zahlen. Dabei entscheidet kein Thema so stark über Fairness und Freiheit wie Geld. Sprache ist Macht. Sie kann Nähe schaffen oder Distanz. Ein Satz wie »Ich kümmere mich um die Finanzen, du musst dich darum nicht sorgen« kann liebevoll gemeint sein – aber in der Wirkung hierarchisch sein.

Er sagt: *Ich kontrolliere, du vertraust.* In meiner Kanzlei habe ich gelernt: Paare, die über Geld reden können, streiten seltener über alles andere. Denn sie haben gelernt, Konflikte als gemeinsame Verantwortung zu sehen – nicht als Angriff.

14.1 Geldgespräche sind Beziehungsarbeit

Ein Gespräch über Finanzen ist nie nur ein Gespräch über Zahlen. Es ist ein Gespräch über Werte, Sicherheit, Angst und Selbstwert. Viele, vor allem Frauen, wurden sozialisiert mit Sätzen wie:

»Geld ist Männersache.«

»Darüber redet man nicht.«

»Das ist unromantisch.«

Aber Geld *ist* Beziehungsthema. Denn Geld bedeutet Unabhängigkeit – und Unabhängigkeit bedeutet Wahlfreiheit. Wer sich nicht traut, über Finanzen zu sprechen, überlässt die Macht stillschweigend dem anderen. Das führt zu Schieflagen, die selten böse Absicht sind – aber strukturell wirksam.

» Eine Mandantin erzählte mir, dass ihr Mann die gemeinsame Steuererklärung »immer allein gemacht« habe.

Sie war erleichtert, nichts damit zu tun zu haben – bis sie nach der Trennung erfuhr, dass er jahrelang sämtliche Rückzahlungen auf sein Konto hatte überweisen lassen.

14.2 Die Sprache der Macht

Worte sind nicht neutral. In Partnerschaften entstehen Machtgefälle oft unbemerkt – in Nebensätzen, im Schweigen, in Entscheidungen.

Beispiele aus der Praxis:

- »Ich bezahle ja das Haus, also entscheide ich.«
- »Du arbeitest ja nur halbtags.«
- »Wir müssen sparen – aber dein Yoga-Abo ist doch Luxus.«

Diese Sätze klingen banal, aber sie prägen Strukturen. Sie machen finanzielle Macht sichtbar – und zementieren sie. Eine faire Beziehung erkennt Macht in Sprache und spricht darüber.

Sie fragt:

- Wer entscheidet bei uns über größere Anschaffungen?
- Wer hat die Passwörter für unsere Konten?
- Wer führt Buch – und wer vertraut blind?

Fairness beginnt dort, wo Transparenz selbstverständlich ist.

14.3 Weaponized Incompetence – Wenn Unwissen Macht wird

Ein Begriff aus der Psychologie beschreibt ein Phänomen, das auch im Finanzbereich vorkommt: »**Weaponized Incompetence**« – also »bewaffnete Unfähigkeit«. Das bedeutet: Eine Person stellt sich absichtlich ungeschickt an, um Verantwortung abzugeben. Was als Bescheidenheit klingt, ist oft ein Rückzug aus Verantwortung. Und der andere Partner, meist der gewissenhaftere, übernimmt – bis er erschöpft ist. In vielen Ehen ist genau das der Anfang finanzieller Abhängigkeit. Denn wer sich einmal um »nichts« kümmert, hat auch später keine Daten, keine Struktur, kein Wissen. Der Gegenentwurf ist **geteilte Kompetenz:** Jeder Partner weiß, wo Verträge liegen, wie viel Geld monatlich fließt und was im Notfall zu tun ist. Das ist kein Kontrollzwang, sondern Fürsorge.

14.4 Die Psychologie des Geldgesprächs

Die meisten Paare reden nicht über Geld, weil sie Angst vor Konflikten haben. Doch Schweigen ist kein Frieden. Schweigen ist eine Form von Passivität – und Passivität wird irgendwann teuer. In der Psychologie gilt: Konflikte über Geld sind selten materielle Konflikte, sondern emotionale. Hinter »Du gibst zu viel aus« steckt oft: »Ich fühle mich unsicher.« Hinter »Ich verdiene mehr, also darf ich entscheiden« steckt oft: »Ich will Anerkennung.« Geldgespräche gelingen, wenn man sie **emotional ehrlich** führt.

Statt:

»Du gibst zu viel Geld aus!«

Besser:

»Ich mache mir Sorgen, dass wir den Überblick verlieren. Können wir unsere Ausgaben gemeinsam anschauen?«

Statt:
»Ich verdiene mehr, also ist das mein Geld.«

Besser:
»Ich habe mehr Einkommen, aber ich möchte, dass wir uns beide abgesichert fühlen.«

So entsteht Nähe – statt Verteidigung.

14.5 So redet ihr über Geld, ohne zu streiten

Der Regeltermin:

- Einmal im Monat 30 Minuten: Finanz-Check-in.
- Kein Streit, keine Vorwürfe. Nur Überblick: Einnahmen, Ausgaben, Ziele.

Gemeinsame Sprache finden:

- Vermeidet Begriffe wie »mein Geld« und »deine Kosten«.
- Besser: »unser Budget«, »unsere Rücklage«, »unsere Sicherheit«.

Ziele formulieren:

- Wofür sparen wir?
- Was bedeutet Wohlstand für uns?
- Was ist »Luxus« und was »Notwendigkeit«?

Emotionale Trigger erkennen:

- Wenn Geldgespräche eskalieren, geht es meist nicht ums Geld.
- Manchmal hilft eine dritte Person – Anwältin, Coach, Mediator.

Dokumentieren:

- Ein gemeinsames Finanzjournal oder digitales Tool hilft, Transparenz herzustellen.
- Fairness ist messbar – auch auf Papier.

14.6 Selbsttest – Wer hat bei uns die finanzielle Macht?

Beantwortet die folgenden Fragen getrennt voneinander mit »Ja« oder »Nein«:

1. Weißt du, wie hoch euer gemeinsames Nettovermögen ist?
2. Kennst du alle laufenden Verträge (Versicherungen, Kredite, Konten)?
3. Liegt der Onlinebanking-Zugang bei euch beiden vor?
4. Könntest du im Notfall alleine alle Zahlungen abwickeln?
5. Sprecht ihr regelmäßig über Geld und Ausgaben?
6. Würdest du dich trauen, deinem Partner zu sagen, dass du dich finanziell unwohl fühlst?
7. Würdest du auch ohne Einkommen finanziell autonom bleiben?
8. Weißt du, wer im Ernstfall für welche Schulden haftet?
9. Ist euer Lebensstandard ohne den anderen tragbar?
10. Habt ihr über eure Altersvorsorge gesprochen?

Auswertung:

- 8–10 × »Ja« → starke Transparenz und Augenhöhe.
- 5–7 × »Ja« → solide Basis, aber Redebedarf.
- 0–4 × »Ja« → hohe Abhängigkeitsgefahr – dringend Handlungsbedarf.

Der Test ist kein Urteil, sondern ein Spiegel. Denn finanzielle Macht entsteht da, wo Wissen ungleich verteilt ist.

14.7 Sprache als Rechtskultur

Wer über Geld spricht, spricht über Verantwortung – und damit über Recht. Das Familienrecht ist, juristisch betrachtet, nichts anderes als eine formalisierte Übersetzung dessen, was Paare täglich leben: Verantwortung, Versorgung, Solidarität. Wenn diese Prinzipien nicht gelebt werden, muss das Recht sie erzwingen. Aber: Das Gesetz kann nur nachträglich Gerechtigkeit schaffen. Sprache kann sie vorher ermöglichen. Ein kluges Wort zur richtigen Zeit verhindert, was sonst Gerichte klären müssen. Oder, wie eine Klientin einmal sagte: »Wir hätten keine Anwältin gebraucht, wenn wir früher gelernt hätten, zu reden.«

Worte sind keine Nebensache. Sie sind Verträge im Kleinen. Wer lernt, fair zu sprechen, baut die Brücke zwischen Emotion und Struktur – zwischen Liebe und Recht. Die Macht der Worte besteht darin, dass sie verändern, was wir fühlen. Und wer über Geld, Verantwortung und Macht respektvoll spricht, lebt bereits, was Gleichberechtigung im Kern bedeutet: Nicht »Ich oder du« – sondern »wir«.

15 Liebe in Zahlen – Die Ökonomie der Partnerschaft

Was Liebe mit Ökonomie zu tun hat.

Liebe fühlt sich privat an – aber sie hat eine messbare wirtschaftliche Dimension. Partnerschaften sind kleine Wirtschaftsgemeinschaften: mit Einkommen, Ausgaben, Investitionen, Risiken und Arbeitsteilung. Das Familienrecht spiegelt diese ökonomische Realität wider – mit Regeln zu Güterständen, Unterhalt und Zugewinnausgleich. Und doch verkennt das System bis heute den wahren Wert der unbezahlten Arbeit: Pflege, Kinderbetreuung, Organisation, emotionale Begleitung. Das, was Beziehungen am Laufen hält, taucht in keiner Bilanz auf – obwohl es einen erheblichen volkswirtschaftlichen Wert hat.

Fakt: Laut Statistischem Bundesamt beläuft sich der monetäre Gegenwert unbezahlter Haus- und Familienarbeit auf über **1,1 Billionen Euro pro Jahr** – fast so viel wie das gesamte Bruttoinlandsprodukt der Industrie Deutschlands. Das bedeutet: Ohne Care-Arbeit würde das Wirtschaftssystem kollabieren. Und trotzdem wird diese Arbeit steuerlich, sozialrechtlich und oft auch partnerschaftlich unterschätzt. Das Kapitel zeigt, warum das so ist – und wie Paare privat gegensteuern können.

15.1 Der Preis der Liebe: Zahlen, die niemand hören will

Frauen verdienen in Deutschland im Durchschnitt **18 % weniger** als Männer (unbereinigt, Destatis 2024). Selbst bereinigt – also bei vergleichbarer Qualifikation und Tätigkeit – bleiben **7 % Lohnunterschied.** Über eine Erwerbsbiografie von 35 Jahren bedeutet das im Schnitt **200.000 € bis 300.000 €** weniger Einkommen – und entsprechend weniger Rente.

15.2 Gender-Pension-Gap: 29 % weniger Rente

Im Alter setzt sich diese Ungleichheit fort: Frauen erhalten im Schnitt **29 % weniger gesetzliche Rente** als Männer. Noch gravierender wird es bei privater Vorsorge – dort liegt der Unterschied bei über **40 %.** Ursache: Teilzeit, Elternzeit, unbezahlte Care-Arbeit, geringere Löhne.

15.3 Care-Arbeit und Mental Load: Vier Stunden täglich

Laut einer repräsentativen Studie der Bertelsmann Stiftung (2023) tragen Frauen im Durchschnitt **vier Stunden unbezahlte Sorgearbeit pro Tag,** Männer etwa **zwei Stunden.**

15.4 Pflegearbeit: Unsichtbar, aber systemrelevant

Rund **fünf Millionen Menschen** in Deutschland pflegen Angehörige. Etwa **70 % davon sind Frauen,** viele berufstätig oder in Teilzeit. Ihr ökonomischer Beitrag wird auf **50–80 Milliarden Euro jährlich** geschätzt – unentgeltlich erbracht. Pflege, Kinder, Haushalt: Es ist kein Zufall, dass Frauen häufiger in Altersarmut geraten. Denn wer Care übernimmt, zahlt meist mit Karrierechancen, Einkommen und Rentenpunkten.

15.5 Die Beziehung als Wirtschaftseinheit

Juristisch gesehen ist eine Ehe oder eingetragene Partnerschaft eine **Wirtschaftsgemeinschaft besonderer Art** (§ 1353 BGB). Das bedeutet: Es gibt keine Gewinnverteilung wie in einer GmbH, aber es gibt **gegenseitige Verantwortung** und **gemeinschaftliche Haftung.**

» Wenn ein Partner ein Haus kauft, kann der andere wirtschaftlich mit haften – auch ohne Eigentum, etwa über Bürgschaften oder gemeinsame Kredite. Umgekehrt profitieren beide, wenn Vermögen aufgebaut wird – aber nur, wenn es erhalten bleibt bis zur Trennung. Der Gesetzgeber geht davon aus, dass Ehe und Familie »Solidargemeinschaften« sind. Das ist richtig – aber unvollständig. Denn Solidarität funktioniert nur, wenn beide Seiten sie sich leisten können.

15.6 Der unsichtbare Wert der Care-Arbeit – eine Beispielrechnung

Nehmen wir ein klassisches Beispiel:

Lisa und **David,** verheiratet, zwei Kinder.

- Lisa arbeitet 60 %, verdient 2.400 € netto.
- David arbeitet 100 %, verdient 4.800 € netto.
- Lisa übernimmt täglich drei Stunden Haus- und Familienarbeit mehr als David.

Rechnen wir diesen **Zeitwert** mit 20 € pro Stunde, ergibt das **1.200 € monatlich** an unbezahlter Leistung. Über zehn Jahre summiert sich das auf **144.000 €** – ohne Verzinsung.

Das ist mehr als der Zugewinnausgleich vieler Ehen. Und: Diese 144.000 € fehlen Lisa als Ersparnis, als Altersvorsorge und als Sicherheit. Der Staat erkennt diese Leistung nicht in voller Höhe an, das Rentensystem gleicht sie nur teilweise aus (über Kindererziehungszeiten). Juristisch betrachtet entsteht hier eine **finanzielle Asymmetrie,** die in Eheverträgen durch Care-Bonus- oder Ausgleichsklauseln korrigiert werden kann.

15.7 Der Return on Relationship

Eine Beziehung kann man nicht in Rendite messen – aber man kann ihre wirtschaftlichen Effekte sichtbar machen.

Kosten der Liebe:

- Verzicht auf Einkommen durch Teilzeit oder Elternzeit
- Opportunitätskosten durch Karriereverzicht
- Haushalts- und Pflegearbeit ohne Vergütung
- Risikoübernahme (z.B. Kredite, Bürgschaften)

Erträge der Liebe:

- Geteilte Lebenshaltungskosten
- Steuerersparnis (Ehegattensplitting)
- Soziale Absicherung (z.B. Hinterbliebenenrente)
- Emotionale Stabilität, Gesundheit, Motivation

Das Problem: Der Staat misst nur die messbaren Erträge – die emotionalen, psychischen und strukturellen Beiträge bleiben außen vor.

Deshalb ist es so wichtig, dass Paare ihre eigene Bilanz ziehen – nicht aus Misstrauen, sondern aus Bewusstsein.

15.8 Fairness durch Wissen: Wie Paare ihre eigene Bilanz aufstellen können

Schritt 1: Auflisten

Alle Einkommensquellen, Arbeitszeiten, Care-Leistungen, Risiken (Kredite, Bürgschaften).

Schritt 2: Bewerten

Zeitliche und monetäre Beiträge ermitteln – auch die unsichtbaren.

Schritt 3: Ausgleichen

Wenn ein Partner dauerhaft weniger Einkommen erzielt, kann das durch

- Rentenzahlungen,
- Sparpläne,
- Miteigentum oder
- Abfindungsregelungen kompensiert werden.

Schritt 4: Dokumentieren

Alles, was fair geregelt wurde, sollte schriftlich festgehalten werden – idealerweise mit anwaltlicher Beratung.

Hinweis: Private Ausgleichsvereinbarungen zwischen Ehepartnern sind zulässig (§ 1408 BGB), solange sie nicht sittenwidrig oder einseitig sind.

15.9 Mini-Tool – »Was ist meine Care-Arbeit wert?«

Eine einfache Faustformel für Paare:

Monatlicher Care-Wert = (Stunden pro Woche × 4,3 × 20 €)

» 25 Stunden pro Woche → 25 × 4,3 × 20 = **2.150 € monatlicher Wert**

Das entspricht über ein Jahr hinweg **25.800 €,**

über zehn Jahre **258.000 €** – unbezahlt.

Das Tool kann als Reflexionshilfe dienen, um faire Ausgleichsmechanismen zu entwickeln – zum Beispiel jährliche Rentenzahlungen oder gemeinsame Rücklagen.

15.10 Warum sich Gleichberechtigung auch finanziell lohnt

Eine faire Arbeitsteilung ist kein reines Gerechtigkeitsthema – sie hat auch ökonomische Vorteile:

- Doppeltes Wissen = weniger finanzielle Abhängigkeit
- Gerechte Verteilung = höhere Beziehungszufriedenheit
- Transparente Strukturen = geringeres Scheidungsrisiko
- Gemeinsame Vorsorge = bessere Altersabsicherung

Studien zeigen: Paare, die Finanzen gemeinsam planen, haben eine **um 30 % geringere Trennungswahrscheinlichkeit** (DIW, 2022). Gleichberechtigung ist also nicht nur moralisch richtig – sie ist ökonomisch vernünftig.

Liebe ist auch eine Investition, Liebe kostet – Zeit, Nerven, Chancen, Mut. Aber sie kann sich auch auszahlen – wenn man sie bewusst gestaltet. Wer Beziehung als Gemeinschaftsprojekt versteht, in dem Care-Arbeit, Einkommen und Verantwortung gleichwertig zählen, lebt nicht gegen das System, sondern zeigt, wie modernes Familienrecht funktionieren kann: als Werkzeug für Fairness. Denn am Ende ist Gleichberechtigung keine Frage des Herzens oder des Gesetzes – sondern des Systems, das beide verbindet. Und wer die Zahlen kennt, kann das System verändern.

16 Gleichberechtigung in Krisen – Krankheit, Jobverlust, Pflege

Warum Gleichberechtigung gerade in Krisen sichtbar wird.

Im Alltag lässt sich vieles ausgleichen: Unfaire Aufgabenverteilung, kleine Ungleichheiten, unterschiedliche Lebensrhythmen. Doch in Krisen – Krankheit, Jobverlust, Pflege, Tod – wird sichtbar, wie stabil eine Beziehung wirklich ist. Dann zeigt sich, ob die Verantwortung auf beiden Schultern ruht oder ob einer plötzlich das Gewicht beider trägt. Gleichberechtigung ist kein Schönwettermodell. Sie beweist sich, wenn das Leben unbequem wird. Viele Paare glauben, Liebe allein trage sie durch jede Krise. Doch emotionale Nähe ersetzt keine Struktur. Wer vorher nicht geregelt hat, wer entscheiden darf, wer abgesichert ist und wer handeln kann, steht im Ernstfall vor Überforderung – juristisch, organisatorisch, finanziell und emotional. Krisen sind kein Charaktertest, sondern ein Systemtest. Und Systeme, die auf Vertrauen statt auf Vorsorge gebaut sind, geraten ins Wanken, wenn das Vertrauen allein nicht mehr reicht.

16.1 Krankheit: Wenn plötzlich alles anders ist

Ein Unfall, eine Diagnose, eine plötzliche Pflegebedürftigkeit – in diesen Momenten verschiebt sich die Machtbalance innerhalb der Partnerschaft. Aus einem gleichberechtigten Team wird oft ein Ungleichgewicht: einer pflegt, einer wird gepflegt. Einer entscheidet, einer verliert Kontrolle. Rechtlich bedeutet das: Ohne **Vorsorgevollmacht oder Patientenverfügung** darf selbst der Ehepartner keine verbindlichen Entscheidungen treffen. Viele glauben, Ehe oder Lebenspartnerschaft reiche dafür aus. Das ist falsch.

- Eine **Vorsorgevollmacht** erlaubt, dass der Partner (oder eine andere Vertrauensperson) im Krankheitsfall rechtswirksam handeln kann – etwa bei Banken, Behörden, Ärzten oder Vermögensangelegenheiten.

- Eine **Patientenverfügung** legt fest, welche medizinischen Maßnahmen gewünscht oder abgelehnt werden.
- Liegt keine Vollmacht vor, ordnet das Gericht eine **gesetzliche Betreuung** an. Dann entscheidet nicht automatisch der Partner, sondern ein Betreuer – im schlimmsten Fall ein Fremder.

Vorsorge ist deshalb kein Zeichen von Misstrauen, sondern von Fürsorge.

Wer sie trifft, sagt: »*Ich will, dass du entscheiden darfst – und dass du geschützt bist, wenn ich es nicht mehr kann.*«

16.2 Jobverlust: Wenn Einkommen und Identität wanken

Jobverlust ist mehr als ein finanzieller Einbruch. Er ist oft ein Angriff auf das Selbstwertgefühl – besonders, wenn das Einkommen Teil des Beziehungsgefüges war. Studien zeigen, dass in 70 % der Fälle nach einem Jobverlust Spannungen in der Partnerschaft zunehmen. Nicht wegen des Geldes allein, sondern wegen der Rollenverteilung: Wer bisher versorgt hat, fühlt sich plötzlich nutzlos. Wer bisher versorgt wurde, steht unter Druck, mehr zu leisten.

Hier entscheidet sich, ob Gleichberechtigung wirklich gelebt wird:

- Wird Verantwortung gemeinsam getragen?
- Wird der Ausfall eines Einkommens als gemeinsames Risiko gesehen oder als persönliches Versagen?
- Gibt es Rücklagen, Versicherungen oder Absprachen, um Krisen abzufedern?

Bei Paaren, die ihre Finanzen bewusst strukturiert haben – etwa mit getrennten Rücklagen und einem gemeinsamen Sicherheitstopf –, wird der Jobverlust zu einer Phase, nicht zu einer Katastrophe. Gleichberechtigung in Krisen heißt: Nicht einer fällt, sondern beide fangen sich gegenseitig auf.

16.3 Pflege: Wenn die Liebe an Grenzen kommt

Nichts verändert den Alltag so sehr wie Pflege. Ob Eltern, Schwiegereltern oder eigene Kinder – Pflege bedeutet körperliche, psychische und organisatorische Dauerbelastung.

Laut dem **Pflegereport der Barmer (2023)** werden rund **4,9 Millionen Menschen in Deutschland** gepflegt, davon **80 % zu Hause,** und **zwei Drittel der Pflegenden sind Frauen.** Im Durchschnitt leisten pflegende Angehörige **rund 45 Stunden** unbezahlte Pflegearbeit pro Woche. Pflege ist Care-Arbeit in ihrer extremsten Form: fordernd, unsichtbar, lebensverändernd. Und sie trifft Paare oft unvorbereitet.

» **Sandra & Tobias – Pflege der Schwiegermutter – und die Ehe im Ausnahmezustand**

Sandra (45) und Tobias (48) führen eine stabile Ehe. Beide arbeiten, zwei Kinder, gutes Einkommen. Dann erleidet Tobias« Mutter einen Schlaganfall. Sandra übernimmt »erstmal ein bisschen Pflege«. Daraus werden Monate, dann Jahre.

Sie reduziert ihre Arbeitszeit, fährt täglich zur Schwiegermutter, organisiert Medikamente, Pflegegrad, Gutachtertermine. Tobias bleibt im Job, ist dankbar, aber überfordert. Nach zwei Jahren sind sie erschöpft, entfremdet, finanziell angespannt.

In der Beratung sagt Sandra: »Ich wollte helfen, nicht mein Leben umstellen. Aber irgendwann war es selbstverständlich.«

Pflegeverantwortung ist nicht nur körperlich, sondern strukturell ungleich verteilt. Oft übernehmen Frauen sie aus Loyalität, Liebe oder Schuldgefühl – ohne Vertrag, ohne Entlastung, ohne Absicherung.

16.4 Rechtliche Realität

- Pflegende Angehörige haben Anspruch auf **Pflegezeit** oder **Familienpflegezeit,** aber oft unbezahlt.
- Eine **Pflegeversicherung** zahlt Geldleistungen – aber die Arbeit selbst bleibt unvergütet.
- Rentenbeiträge werden für Pflegetätigkeit nur in bestimmten Fällen übernommen (§ 3 SGB VI).
- Eine **Pflegevereinbarung** innerhalb der Familie kann helfen, Leistungen und Zuständigkeiten klar zu regeln – etwa eine Aufwandsentschädigung oder Entlastung durch externe Dienste.

Gleichberechtigung in der Pflege bedeutet: Pflege ist Familienaufgabe, keine Frauenaufgabe. Sie braucht Planung, Kommunikation – und rechtliche Klarheit.

16.5 Die drei Ebenen der Krisenvorsorge

1. Juristische Ebene – Handlungssicherheit schaffen

- Vorsorgevollmacht
- Patientenverfügung
- Betreuungsverfügung
- Pflegevereinbarung
- Testament

2. Finanzielle Ebene – Absicherung garantieren

- Notgroschen (drei bis sechs Monatsgehälter)
- Berufsunfähigkeitsversicherung
- Krankentagegeld oder private Zusatzversicherung
- Regelungen zu Arbeitsausfall, Pflegezeit oder Elternzeit

3. Emotionale Ebene – Gesprächskultur pflegen

- Regelmäßig über Sorgen, Belastung und Rollen sprechen.
- Hilfe annehmen: Pflegedienste, psychologische Unterstützung, Angehörigengruppen.
- Keine Scham, Verantwortung zu teilen.

16.6 Statistiken zur Pflegearbeit in Deutschland (Stand 2024)

- 4,9 Millionen Pflegebedürftige, davon ca. **80 % häuslich gepflegt.**
- Zwei Drittel der Pflegenden sind weiblich, häufig Töchter oder Schwiegertöchter.
- **45 Stunden** durchschnittliche Pflegezeit pro Woche pro pflegender Person.
- Rund **drei Millionen Erwerbstätige** pflegen zusätzlich neben ihrem Job.
- Laut Studien verlieren pflegende Angehörige im Schnitt **40 % ihres Einkommens** durch Teilzeit, Jobaufgabe oder Karriereknick.
- Nur etwa **15 %** der pflegenden Personen erhalten finanzielle Kompensation innerhalb der Familie.

Diese Zahlen zeigen: Pflege ist ein blinder Fleck der Gleichberechtigung – sowohl im Recht als auch in der gesellschaftlichen Wertschätzung.

16.7 Krisen-Checkliste »Was wäre, wenn…?«

Diese Fragen helfen, die eigene Krisenvorsorge realistisch einzuschätzen:

Bereich	Frage	Ja/Nein
Gesundheit	Haben wir eine Vorsorgevollmacht und Patientenverfügung erstellt?	
	Wissen beide, wo die Dokumente aufbewahrt werden?	
Finanzen	Gibt es einen Notfallordner mit Bankdaten, Versicherungen, Verträgen?	
	Haben wir Rücklagen für mindestens drei Monate?	
Pflege	Wissen wir, wer im Ernstfall welche Pflegeaufgaben übernehmen würde?	
	Gibt es eine Vereinbarung über finanzielle oder organisatorische Entlastung?	
Jobverlust	Haben wir besprochen, wie wir Einkommensausfälle abfedern würden?	
	Sind Versicherungen (BU, Arbeitslosigkeit) geprüft und aktuell?	
Emotionale Ebene	Haben wir offen über Ängste gesprochen, was wäre, wenn einer krank oder pflegebedürftig wird?	
	Kennen wir Beratungsstellen und Unterstützungsmöglichkeiten?	

Je mehr »Nein«-Antworten, desto dringender besteht Handlungsbedarf.

Vorsorge ist kein Misstrauen – sie ist Selbstschutz für beide.

Wenn das Leben nicht planbar ist

Krisen lassen sich nicht verhindern. Aber man kann verhindern, dass sie zerstören. Gleichberechtigung in Krisen heißt, dass beide Partner die gleichen Rechte, Pflichten und Möglichkeiten haben, zu handeln – nicht nur, wenn alles gut läuft, sondern auch, wenn alles zusammenzubrechen droht. Wer in guten Zeiten vorsorgt, schützt sich in schlechten. Und wer Verantwortung teilt, trägt sie leichter. Denn Liebe zeigt sich nicht darin, wer im Alltag lacht – sondern darin, wer im Ernstfall handeln darf.

17 Vorsorge & Verantwortung – Wie Paare rechtlich planen können

Warum rechtliche Vorsorge Liebe ist.

Vorsorge ist kein nüchterner Akt, sondern gelebte Verantwortung. Sie bedeutet: »Ich übernehme jetzt Verantwortung, damit du später nicht hilflos bist.« Denn wenn ein Partner schwer erkrankt, ins Krankenhaus kommt oder nicht mehr handlungsfähig ist, tritt automatisch **kein gesetzliches Vertretungsrecht** in Kraft – auch nicht unter Ehepartner.

Viele Paare glauben, die Ehe reiche aus, um im Notfall füreinander zu entscheiden. Das ist ein gefährlicher Irrtum.

Ohne Vollmacht darf der gesunde Partner:

- keine Kontoüberweisungen vornehmen,
- keine ärztlichen Entscheidungen treffen,
- keine Verträge kündigen oder unterschreiben,
- keine Behördenangelegenheiten regeln.

In diesem Fall wird durch das Amtsgericht ein gesetzlicher Betreuer bestellt – und das kann (muss aber nicht) der Partner sein. Vorsorgevollmacht, Patientenverfügung und Testament verhindern, dass Gerichte entscheiden, was eigentlich Paare regeln könnten.

17.1 Die vier Säulen der rechtlichen Vorsorge

Vorsorgevollmacht – Handlungsfähigkeit sichern

Die Vorsorgevollmacht ist die wichtigste Grundlage für Krisen. Sie ermöglicht, dass der Bevollmächtigte rechtswirksam handeln darf – auch wenn der Vollmachtgeber nicht mehr dazu in der Lage ist.

Inhalt:

- Vermögenssorge (Banken, Versicherungen, Verträge)
- Gesundheitssorge (Ärzte, Behandlungen, Krankenhaus)
- Aufenthaltsbestimmung
- Post- und Behördenangelegenheiten

Form:

Schriftlich reicht grundsätzlich aus, aber: Für bestimmte Geschäfte (z.B. Immobilien, Kreditaufnahme) ist eine notarielle Beurkundung notwendig.

Hinweis: Bei Paaren **sollte jeder eine eigene Vollmacht** erstellen – keine gemeinsame. So bleibt Handlungsfähigkeit auch bestehen, wenn beide gleichzeitig betroffen sind.

Patientenverfügung – Selbstbestimmung sichern

Die Patientenverfügung legt fest, welche medizinischen Maßnahmen im Ernstfall gewünscht oder abgelehnt werden. Sie dient Ärzten und Angehörigen als verbindliche Handlungsgrundlage.

Typische Inhalte:

- lebenserhaltende Maßnahmen (Beatmung, künstliche Ernährung, Reanimation)
- Schmerz- und Palliativbehandlung
- Organspende

Rechtsgrundlage: §§ 1901a ff. BGB

Form:

- Schriftlich, mit Datum und Unterschrift
- Keine notarielle Beurkundung nötig, aber ärztliche Beratung sinnvoll

Hinweis: Die Verfügung sollte regelmäßig (z.B. alle zwei Jahre) aktualisiert und unterschrieben werden, um Gültigkeit zu behalten.

Betreuungsverfügung – Kontrolle sichern

Falls keine Vorsorgevollmacht vorliegt oder diese nicht greift, kann das Gericht eine Betreuung anordnen. Mit der Betreuungsverfügung bestimmen Sie, wer Betreuer werden soll – oder ausdrücklich nicht werden darf. So behält man indirekt die Kontrolle, selbst wenn man nicht mehr entscheidungsfähig ist.

Testament & Erbfolge – Was bleibt, wenn einer geht

Ein weiteres zentrales Element der Vorsorge betrifft die Nachlassplanung. Das deutsche Erbrecht sieht eine gesetzliche Erbfolge vor, die oft nicht dem entspricht, was Paare tatsächlich wollen.

Gesetzliche Erbfolge (vereinfacht):

- Ehepartner erben neben Kindern **die Hälfte** (bei Zugewinngemeinschaft).
- Kinder teilen sich die andere Hälfte.
- Unverheiratete Partner erben **nichts** – es sei denn, sie sind im Testament bedacht.

Arten von Testamenten:

1. **Eigenhändiges Testament:**
   Handschriftlich verfasst, mit Datum und Unterschrift.

   Vorteil: schnell, kostenlos, aber oft fehleranfällig.
2. **Notarielles Testament:**
   Notar erstellt und beurkundet es.

   Vorteil: rechtssicher, beweiskräftig, spart Erbschein.

Achtung: Unverheiratete Paare benötigen zwingend ein Testament, wenn sie füreinander sorgen wollen. Ehepartner sollten zusätzlich über ein sogenanntes Berliner Testament nachdenken – es sichert den überlebenden Ehepartner ab, birgt aber steuerliche Nachteile, die juristisch geprüft werden sollten.

17.2 Pflegevereinbarungen – Gleichberechtigung in der Fürsorge

Pflege betrifft nicht nur Eltern oder Schwiegereltern – auch Partner können pflegebedürftig werden. Wer dann pflegt, trägt eine enorme Last – oft unbezahlt und ungeschützt.

Eine **Pflegevereinbarung** kann festlegen:

- welche Aufgaben übernommen werden,
- welche Vergütung oder Entlastung erfolgt,
- wie Ersatzpflege oder externe Hilfe organisiert ist.

Solche Verträge sind privatrechtlich zulässig und steuerlich relevant. Sie schaffen Fairness, bevor Überforderung entsteht.

17.3 Notfall-Mappe: das wichtigste Dokument der Beziehung

Alle Unterlagen gehören an **einen zugänglichen Ort** – physisch oder digital. Jede Person im Haushalt sollte wissen, wo sie sind.

Inhalt einer Notfall-Mappe:

- Vorsorgevollmacht
- Patientenverfügung
- Betreuungsverfügung

- Testament/Erbvertrag
- Versicherungsübersicht
- Konto- und Depotlisten
- Passwörter/digitale Nachlassregelung
- Kopien von Ausweis & Gesundheitskarte

! Einmal jährlich im »Vorsorge-Monat« (z.B. Januar) alle Unterlagen prüfen, aktualisieren und gemeinsam durchgehen.

» **Markus & Elena – Die vergessene Vollmacht**

Markus und Elena waren 20 Jahre verheiratet. Er, Unternehmer. Sie, Teilzeit im Büro, kümmert sich um alles andere. Nach einem Schlaganfall ist Markus plötzlich nicht mehr ansprechbar.

Elena glaubt, als Ehefrau dürfe sie alle Entscheidungen treffen. Doch im Krankenhaus heißt es: »Ohne Vollmacht darf ich mit Ihnen nicht sprechen.« Das Gericht ordnet eine Betreuung an – ein fremder Betreuer kümmert sich nun um das Unternehmen, Konten und Vermögen.

Erst Monate später gelingt es, die Betreuung zu übernehmen. Doch das Vertrauen in das System ist erschüttert.

Elena sagt später: »Ich hätte nie gedacht, dass Liebe nicht reicht.«

Dieses Beispiel ist kein Einzelfall – und genau der Grund, warum rechtliche Vorsorge die wichtigste Liebeserklärung ist, die man machen kann.

! **Übrigens:** Wolters Kluwer Steuertipps bietet auch einen umfangreichen VorsorgePlaner mit zusätzlichem Notfallordner an. Nähere Infos dazu unter www.steuertipps.de/shop/literature/der-vorsorgeplaner.

17.4 Vorsorge-Check »Sind wir vorbereitet?«

Thema	Frage	Ja/Nein
Gesundheit	Haben wir beide eine Patientenverfügung unterschrieben?	
	Weiß der andere, wo sie liegt?	
Vollmacht	Haben wir getrennte Vorsorgevollmachten erstellt?	
	Sind sie notariell beurkundet oder beglaubigt?	
Pflege	Haben wir besprochen, wer im Ernstfall pflegt und wie entlastet wird?	
Nachlass	Haben wir ein Testament erstellt und hinterlegt?	
	Ist es aktuell und rechtlich überprüft?	
Digitales Erbe	Sind Passwörter und Online-Konten dokumentiert?	

Auswertung:

- 5–6 × »Ja« → sehr gut vorbereitet
- 3–4 × »Ja« → Optimierungsbedarf
- 0–2 × »Ja« → akuter Handlungsbedarf

Verantwortung ist der neue Liebesbeweis. Vorsorge schafft Freiheit. Sie entlastet, statt zu belasten. Wer die rechtlichen Grundlagen kennt, schützt nicht nur sich, sondern den Menschen, den er liebt. Es gibt keine romantischere Geste als die, zu sagen: »Ich will, dass du handeln darfst, wenn ich es nicht kann.« Denn Recht ist kein Gegensatz zur Liebe. Es ist ihre Struktur, ihr Rahmen, ihr Schutzschild.

18 Digitale Paare & Recht – Liebe im Zeitalter der Clouds und Passwörter

Liebe 2.0 – Wenn Beziehungen digital werden.

Früher teilte man einen Briefkasten, heute teilt man Passwörter. Man verliebt sich über Dating-Apps, plant Hochzeiten auf Pinterest, verwaltet Familienkalender in der Cloud und führt gemeinsame Haushaltskonten per App. Beziehungen sind längst digital – aber das Recht ist es noch nicht. Was passiert, wenn einer stirbt und der andere keinen Zugriff mehr auf das Handy, den Cloud-Speicher oder die digitalen Verträge hat? Was gilt, wenn nach einer Trennung einer die gemeinsamen Fotos löscht oder den Netflix-Account übernimmt? Diese Fragen sind keine Zukunftsszenarien – sie sind Realität. Digitale Liebe braucht rechtliche Strukturen.

18.1 Der digitale Alltag von Paaren – und seine Fallstricke

Gemeinsame Accounts – gemeinsam haftbar

Viele Paare teilen Passwörter: Netflix, Spotify, Amazon, Google Drive, Dropbox.

Was romantisch klingt, kann juristisch heikel sein:

- Wird ein Account gemeinsam genutzt, ist rechtlich meist nur **eine Person Vertragspartner.**
- Das bedeutet: **Haftung, Datenschutzrechte und Kündigungsrechte** liegen bei dieser Person.
- Im Streitfall kann der oder die andere ohne Vorwarnung ausgeschlossen werden.

» **Lara & Jonas**

Lara und Jonas haben einen Amazon-Account über Jonas Namen.

Nach der Trennung ändert Jonas das Passwort – Lara verliert Zugriff auf gemeinsame Bestellungen, Rechnungen, Fotos im Cloud-Speicher.

→ Kein Rechtsanspruch auf Zugriff, da keine Mitberechtigung besteht (§ 328 BGB analog nur bei ausdrücklicher Vereinbarung).

Nutzt bei geteilten Diensten gemeinsame Familien- oder Haushaltsfunktionen mit klarer Mitberechtigung.

Digitale Fotos, Erinnerungen und Daten

Gemeinsame Cloud-Ordner enthalten oft Fotos, Dokumente, Urlaubspläne, Steuerunterlagen. Bei einer Trennung oder im Todesfall entsteht häufig Streit: »Wem gehören die Dateien?«

Juristische Lage:

- Urheberrecht bleibt bei der Person, die die Fotos erstellt hat (§ 7 UrhG).
- Nutzungsrechte können gemeinsam bestehen, wenn die Fotos in beiderseitigem Einverständnis erstellt oder geteilt wurden.
- Bei Trennung kann jede Partei **Löschung oder Herausgabe** verlangen, sofern keine gemeinsamen Kinder betroffen sind (dann überwiegt das Kindeswohl).

Online-Banking & Finanz-Apps

Immer mehr Paare nutzen digitale Haushaltsbuch- oder Banking-Tools.

Juristisch gilt:

- Nur wer Kontoinhaberin ist, hat ein Zugriffsrecht.

- Gemeinsame Zugänge ohne Vollmacht sind **rechtlich problematisch,** insbesondere bei Todesfällen oder Pfändungen.
- Banken dürfen ohne Vollmacht keine Auskünfte geben – selbst Ehepartnern nicht.

Hinweis: Erstellt eine **digitale Vollmacht** für jeden Partner, der Zugriff auf Konten, Verträge und Finanzdaten ermöglicht – idealerweise notariell oder handschriftlich unterzeichnet.

18.2 Der digitale Nachlass – was passiert, wenn einer stirbt

Der digitale Nachlass ist einer der am meisten unterschätzten Bereiche des modernen Familienrechts. Nach dem Tod bleibt das digitale Leben oft weiter bestehen: E-Mail-Postfächer, Social-Media-Profile, Cloud-Speicher, Online-Konten, Verträge, Abos.

Viele Angehörige wissen nicht, wie sie darauf zugreifen können – oder dürfen.

Rechtslage: Seit einem Grundsatzurteil des BGH (Az. III ZR 183/17) gilt:

Digitale Konten sind vererbbar – genauso wie analoge Briefe oder Tagebücher. Das bedeutet: Erben dürfen auf das Facebook-, Google- oder E-Mail-Konto der verstorbenen Person zugreifen – sofern der Plattformanbieter die technische Möglichkeit bereitstellt.

Aber: Ohne Passwörter und klare Regelungen ist der Zugang praktisch unmöglich.

! Erstellt gemeinsam eine **digitale Nachlassliste:** Zugangsdaten (in verschlüsselter Form oder Passwort-Manager), Accounts und Abos und Anweisungen, was gelöscht, übertragen oder erhalten bleiben soll

→ Diese Liste kann Teil eines Testaments oder einer Vorsorgevollmacht sein.

18.3 Trennung im digitalen Zeitalter – wenn das Passwort zur Waffe wird

Früher zog man aus, heute loggt man sich aus. Nach einer Trennung ist der digitale Cut oft schmerzhafter als der physische: Wer darf welche Chats, Fotos, Dateien behalten?

Typische Konflikte:

- **Kontrollverhalten:** einer liest weiter Nachrichten oder überwacht Kalender.
- **Datenmissbrauch:** private Fotos oder Nachrichten werden weitergeleitet.
- **Racheakte:** Social-Media-Posts oder Zugänge werden sabotiert.

Juristische Bewertung:

- Das Ausspähen fremder Daten ist strafbar (§ 202a StGB).
- Das unbefugte Ändern von Passwörtern oder Löschen von Daten kann Schadenersatz auslösen (§ 823 BGB).
- Vertrauliche Inhalte (z.B. private Chats) dürfen nicht ohne Zustimmung veröffentlicht werden – sonst drohen Geldentschädigungen nach § 22 KUG und Art. 1, 2 GG.

Empfehlung:

Bei Trennung sofort digitale Trennung vollziehen:

- Passwörter ändern
- Gemeinsame Zugänge trennen
- Daten sichern
- Zugriffsrechte schriftlich klären

18.4 Die digitale Vollmacht – moderne Vorsorge

Viele Paare regeln Patientenverfügungen oder Testamente – aber kaum jemand denkt an die digitale Welt. Eine **digitale Vollmacht** legt fest, wer im Notfall Zugriff auf alle Online-Konten, Cloud-Daten, Verträge und digitalen Dokumente hat.

Inhalt einer digitalen Vollmacht:

- Benennung der bevollmächtigten Person (Name, Geburtsdatum, Anschrift)
- Umfang: Zugriff auf E-Mails, Social-Media, Cloud, Online-Banking, Verträge
- Speicherung oder Löschung digitaler Daten
- Form: handschriftlich unterschrieben oder notariell beurkundet
- Option: Integration in eine notarielle Generalvollmacht

! Regelmäßige Aktualisierung – mindestens alle zwei Jahre. Digitale Dienste ändern ihre AGBs oft; Vollmachten sollten aktuell bleiben.

18.5 Der digitale Ehevertrag – Zukunftsmusik mit Realitätsbezug

Legal Tech macht's möglich: Eheverträge können heute digital vorbereitet, geprüft und über sichere Plattformen wie **www.marry-merry.de** erstellt werden. Doch was ist mit der Rechtswirksamkeit? Solange Beurkundungspflicht besteht (§ 1410 BGB), muss der Vertrag noch notariell unterschrieben werden.

Aber: Die Digitalisierung des Notariats ist im Gange – das **Gesetz zur Umsetzung der Digitalisierungsrichtlinie (DiRUG)** erlaubt seit 2022 Online-Beurkundungen bestimmter Dokumente. Zukünftig könnte auch der Ehevertrag digital beurkundet werden – sicher, datenschutzkonform, von zu Hause aus.

Vorteile:

- Höhere Zugänglichkeit für junge Paare
- Kostentransparenz
- Standardisierte, geprüfte Vertragsmuster
- Digitale Aufbewahrung und Aktualisierung

Damit entsteht eine neue Form von Rechtssicherheit – modern, fair und niederschwellig.

Das »iCloud-Chaos«

Fall:

Sophie und Sebastian haben über Jahre alle Familienfotos in einem iCloud-Account gespeichert, der auf Sebastians Namen läuft. Nach der Trennung ändert er das Passwort – Sophie verliert den Zugriff auf alle Bilder ihrer Kinder.

Juristische Lösung:

Sophie kann Herausgabe verlangen (§ 985 BGB analog) und sich auf Miturheberschaft (§ 8 UrhG) berufen. In der Praxis hilft oft nur anwaltliches Schreiben oder Mediation – das Gesetz hinkt hinterher.

Lehre:

Digitale Vorsorge ist keine Nebensache, sondern elementarer Teil moderner Partnerschaft.

18.6 Die Checkliste für digitale Paare

1. Gemeinsame Zugänge

– Wer ist Vertragspartner?

– Gibt es Vollmachten oder geteilte Konten?

2. Datensicherung

– Gibt es eine regelmäßige Back-up-Routine?

– Wissen beide, wo wichtige Dokumente gespeichert sind?

3. **Digitaler Nachlass**
   – Gibt es eine Passwortliste oder einen Passwortmanager?
   – Ist festgelegt, was nach dem Tod mit Online-Konten passiert?
4. **Rechtliche Absicherung**
   – Liegt eine digitale Vollmacht vor?
   – Sind Cloud-Inhalte Eigentum oder Nutzungsgemeinschaft?
5. **Trennung & Datenschutz**
   – Wie wird mit gemeinsamen Daten bei Trennung umgegangen?
   – Wer darf was behalten, löschen, übertragen?

Auch Liebe braucht ein Back-up

Digitale Beziehungen sind die Realität unserer Zeit. Sie sind schneller, vernetzter – und verletzlicher. Wer Verantwortung füreinander trägt, sollte das nicht nur offline, sondern auch online tun. Liebe braucht heute nicht nur Vertrauen, sondern auch Passwortmanagement, Verschlüsselung – und die Einsicht, dass digitale Vorsorge kein Luxus ist, sondern Ausdruck von Fürsorge. Denn die größte Liebeserklärung im 21. Jahrhundert lautet vielleicht: »Ich hab dich in meiner digitalen Vollmacht eingetragen.«

19 Brief an die nächste Generation Paare

Liebe Leserinnen und Leser, wenn ihr dieses Buch in den Händen haltet, habt ihr euch bereits entschieden, mutiger zu sein als viele. Denn ihr habt euch auf ein Thema eingelassen, über das Paare selten offen sprechen: Verantwortung, Absicherung, Gleichgewicht. Das ist kein Zeichen von Misstrauen. Es ist ein Zeichen von Liebe – in ihrer reifsten Form.

Liebe ist kein Selbstläufer

Ich habe in den letzten Jahren viele Paare begleitet – beim Heiraten, beim Verhandeln, beim Scheiden. Ich habe Tränen gesehen, aber auch Lachen. Und ich habe verstanden: Liebe ist kein Selbstläufer. Sie braucht Klarheit. Und Klarheit braucht Mut. Eine meiner Mandantinnen sagte einmal zu mir: »Ich dachte immer, ein Ehevertrag zerstört Romantik – bis ich gemerkt habe, dass er uns erst erlaubt hat, ehrlich zu sein.« Denn wenn das Recht klar ist, bleibt Raum für das, was wirklich zählt: Vertrauen, Zärtlichkeit, Entscheidung aus freiem Willen.

Stimmen aus der Praxis

Es sind oft kleine Sätze, die sich einprägen: Ein Mann sagte einmal zu mir, mit zittriger Stimme: »Ich wusste nicht, dass ich meine Frau verlieren konnte – nur, weil ich ihr nie etwas überschrieben habe.« Eine andere, eine junge Mutter, flüsterte: »Ich wollte nie Geld, ich wollte Anerkennung.« Und ein älteres Paar, verheiratet seit 35 Jahren, saß einmal in meiner Kanzlei und lachte, während wir ihren Ehevertrag überarbeiteten. Sie sagten: »Wir sind jetzt im Ruhestand. Und endlich fair zueinander.« Diese Begegnungen haben mich geprägt. Sie haben mir gezeigt, dass Recht nicht kalt ist – sondern ein Werkzeug, um Liebe zu bewahren.

Für die nächste Generation

Ich schreibe dieses Buch für eine Generation, die Gleichberechtigung nicht nur fordert, sondern lebt. Für Paare, die gemeinsam entscheiden wollen, ohne sich kleinzumachen. Für Frauen, die ihre Arbeit sichtbar machen. Für Männer, die Verantwortung teilen, ohne sich entwertet zu fühlen. Und für alle, die wissen: Liebe ist kein Entweder-oder zwischen Herz und Verstand – sie ist beides. Vielleicht wird die nächste Generation sagen:

»Wir haben nicht nur geheiratet, wir haben geplant.«

»Wir haben nicht nur versprochen, wir haben verstanden.«

»Wir haben nicht nur geliebt, wir haben gerecht gehandelt.«

Warum ich Eheverträge liebe

Manchmal werde ich gefragt: »Wie kannst du als Anwältin über Liebe schreiben?« Weil ich sie sehe. Jeden Tag. Ich sehe sie in Blicken, in Gesprächen, in kleinen Gesten zwischen Menschen, die sich nicht aufgeben, sondern Verantwortung übernehmen. Ein Ehevertrag ist für mich kein Dokument des Misstrauens, sondern ein Liebesbrief an die Zukunft. Er sagt:

Ich sehe dich. Ich will, dass du sicher bist. Ich will, dass wir beide frei sind, weil keiner den anderen braucht – sondern will. Ich erinnere mich an Sue, eine befreundete Anwältin, die mit ihrem Mann – einem Banker – ihren eigenen Ehevertrag verhandelte. Sie erzählte mir später, dass er sich in diesem Moment noch einmal neu in sie verliebt hat. Nicht trotz der harten Verhandlung – sondern wegen ihr. Weil er zum ersten Mal ihre berufliche Stärke, ihre Klarheit, ihre Haltung gesehen hat. Er sagte: »Ich habe gemerkt, dass ich nicht nur meine Frau liebe – sondern die Anwältin, die weiß, was sie wert ist.« Ich glaube, das ist das Geheimnis moderner Liebe: gegenseitiger Respekt auf Augenhöhe.

Wenn Liebe aufhört, Angst zu machen

Vielleicht ist das das Schönste, was Verträge leisten können: Sie nehmen der Liebe die Angst. Die Angst, zu viel zu geben. Die Angst, zu kurz zu kommen. Die Angst, am Ende allein dazustehen. Wenn alles geregelt ist, bleibt Platz für Leichtigkeit. Für Vertrauen. Für Nähe.

Dann wird aus »Was, wenn es schiefgeht?« ein »Wie schön, dass wir vorbereitet sind.« Und aus »Ich vertraue dir blind« wird »Ich vertraue dir – mit offenen Augen.«

An die, die noch zögern

Vielleicht blättert jemand gerade durch dieses Buch und denkt: »So schlimm wird es bei uns nie.« »Wir brauchen das nicht.« Vielleicht stimmt das. Aber ich habe gelernt: Es ist kein Zeichen von Liebe, Risiken zu ignorieren. Es ist ein Zeichen von Reife, sie gemeinsam zu tragen. Wer den Mut hat, Dinge klar zu regeln, liebt nicht weniger – sondern klüger. Und wer Care-Arbeit, Geld, Verantwortung und Freiheit teilt, liebt nicht schwächer – sondern stärker.

Mein Wunsch

Ich wünsche mir, dass dieses Buch Gespräche auslöst. Am Küchentisch. Im Auto. Beim Spaziergang. Dass Paare sich fragen: »Wie wollen wir das eigentlich regeln?« »Was wäre fair?« »Was bedeutet Sicherheit für uns?« Und dass ihr dann merkt: Diese Gespräche trennen euch nicht – sie verbinden euch. Denn Gleichberechtigung ist kein Zustand, den man erreicht und abhakt. Sie ist ein tägliches Aushandeln, ein gemeinsamer Prozess, ein stilles Versprechen: Wir tragen das Leben zusammen – gerecht, respektvoll, liebevoll.

Was bleibt

Am Ende bleibt die Erkenntnis: Recht macht Liebe nicht kleiner – es macht sie stabil. Wer Care-Arbeit sichtbar macht, finanzielle Fairness lebt und Verantwortung teilt, schafft eine Beziehung auf Augenhöhe. Verträge sind dabei keine Misstrauensbeweise, sondern Ausdruck von Respekt. Gleichberechtigung ist keine trockene Theorie. Sie ist gelebte Praxis – im Haushalt, im Konto, im Herzen. Dieses Buch ist kein juristischer Ratgeber. Es ist ein Wegweiser. Ein Kompass für Paare, die sich lieben – und dabei fair bleiben wollen. Denn am Ende ist das Schönste, was man sagen kann:

»Ich bin bei dir, weil ich will. Nicht, weil ich muss.«

20 Fazit und abschließender Gedanke

Am Ende bleibt die Erkenntnis: **Recht macht Liebe nicht kleiner – es macht sie stabil.** Liebe ist kein Gegensatz zu Struktur, und Vertrauen kein Ersatz für Verantwortung. Wer Care-Arbeit sichtbar macht, finanzielle Fairness lebt und Verantwortung teilt, schafft eine Beziehung auf Augenhöhe – eine Partnerschaft, die trägt, weil sie ehrlich ist. Verträge, Vereinbarungen, Regelungen – sie sind keine Misstrauensbeweise. Sie sind Ausdruck von Respekt. Sie sagen: Ich nehme dich ernst. Ich sehe dich. Ich will, dass wir beide sicher sind – egal, was das Leben bringt. Gleichberechtigung ist kein Zustand, den man einmal erreicht und dann abhakt. Sie ist ein Prozess – ein Weg, der immer wieder hinterfragt, verhandelt und neu gestaltet werden muss.

In der Gesellschaft.

In Familien.

Und in der Partnerschaft.

Jede Generation schreibt dieses Kapitel der Gleichberechtigung ein Stück weiter. Mit neuen Fragen, neuen Antworten – und hoffentlich mit mehr Offenheit. Dieses Buch soll Paare inspirieren, diesen Prozess mutig zu gestalten: Mit Klarheit, Humor, Respekt – und Liebe. Denn eine starke Beziehung braucht nicht nur Herz, sondern auch Verstand. Nicht nur Leidenschaft, sondern auch Planung. Nicht nur Romantik, sondern auch Realitätssinn. Und vielleicht ist genau das das wahre Happy End: Nicht, dass alles bleibt, wie es war – sondern dass man sich immer wieder füreinander entscheidet.

! **Abschließender Gedanke:** Dieses Buch endet hier – aber eure Verantwortung nicht. Verträge, Checklisten und Muster sind keine starre Bürokratie, sondern Bausteine für Sicherheit, Respekt und Freiheit. Nutzt sie, prüft sie, verändert sie – so wie ihr euer Leben gestaltet. Denn Gleichberechtigung bedeutet, aktiv zu gestalten, statt abzuwarten.

21 Nachwort – Was Juristinnen nie über Beziehungen lernen – aber lernen sollten

Im Jurastudium lernt man, Gesetze zu verstehen. Man lernt, wie man Ansprüche prüft, Urteile liest, Paragrafen systematisch sortiert. Man lernt, wann jemand »recht« hat.

Aber niemand bringt einem bei, was es bedeutet, wenn jemand einfach nur verstanden werden will. Im Gesetz steht viel über Zugewinn, Unterhalt, Versorgungsausgleich. Aber es steht nirgends etwas über Würde. Nirgends etwas darüber, was es mit einem Menschen macht, wenn er nach zwanzig Jahren Beziehung vor einem steht und sagt: »Ich dachte, wir hätten alles gemeinsam – und jetzt weiß ich nicht mal, was mir gehört.« Ich erinnere mich an den Moment, in dem mir klar wurde, dass mein Beruf nicht nur aus Schriftsätzen besteht, sondern aus Lebensgeschichten. Dass zwischen Aktenzeichen Gefühle liegen. Dass Paragrafen Struktur geben – aber keinen Trost spenden.

Zwischen Recht und Leben

In der Praxis sehe ich Paare, die sich verlieren – nicht, weil sie sich nicht lieben, sondern weil sie nie gelernt haben, über Gerechtigkeit zu sprechen. Und ich sehe andere, die sich trennen – und dabei respektvoll bleiben, weil sie vorbereitet waren. Das ist der Unterschied zwischen Chaos und Klarheit: Nicht, ob man sich trennt – sondern **wie.** Juristen sprechen oft von »Zerrüttung der Ehe«. Aber das klingt, als wäre etwas plötzlich zerbrochen. In Wahrheit zersetzt sich eine Beziehung selten über Nacht. Sie erodiert langsam – durch Schweigen, durch unausgesprochene Erwartungen, durch das Gefühl, nicht gesehen zu werden.

Ich habe gelernt, dass das stärkste Instrument in meiner Arbeit nicht das Gesetzbuch ist, sondern Zuhören. Wer zuhört, versteht, was wirklich verhandelt wird: Nicht das Haus, nicht die Rente, nicht der Unterhalt – sondern das Bedürfnis nach Gerechtigkeit.

Die stille Verantwortung

Juristen tragen eine Verantwortung, die weit über das Verfahren hinausgeht. Wir gestalten Lebenswege. Wir entscheiden mit, ob aus Liebe Verbitterung wird oder Verständnis. Ob aus Scheidung ein Krieg oder ein Abschluss wird. Ich glaube, wir unterschätzen, wie viel Macht wir in unseren Worten tragen. Ein Satz im falschen Moment kann Vertrauen zerstören. Ein Satz im richtigen Moment kann retten, was noch tragfähig ist. »Frau Kiehl, Sie haben mir erklärt, was ich unterschreibe – aber vor allem, **warum** es fair ist.«

Was man erst im Beruf lernt

Es gibt Dinge, die kein Kommentarband und kein BGB einem beibringen kann: Wie sich Schweigen anfühlt, wenn zwei Menschen nebeneinandersitzen und wissen, dass ihre Geschichte zu Ende ist. Wie viel Stolz in einem Blick liegen kann, wenn jemand nach einer harten Verhandlung sagt: »Ich habe mich endlich getraut, für mich einzustehen.« Wie sehr Vertrauen wächst, wenn Menschen erkennen, dass Recht nicht kalt ist, sondern schützend sein kann. Ich habe erlebt, dass Verträge heilen können. Dass ein Ehevertrag Gespräche öffnet, die sonst nie geführt worden wären. Dass Mediation Versöhnung möglich macht, auch ohne Rückkehr. Und dass Fairness kein juristischer Begriff ist, sondern ein menschlicher.

Die neue Aufgabe des Rechts

Vielleicht ist das die eigentliche Zukunft des Familienrechts: Nicht nur Streit zu regeln, sondern Beziehungen zu schützen. Nicht nur zu urteilen, sondern zu gestalten. Nicht nur zu trennen, sondern zu klären. Recht darf nicht erst dann greifen, wenn etwas kaputt ist. Es muss Menschen befähigen, sich selbst zu verstehen – bevor sie vor Gericht stehen. Ich wünsche mir, dass wir Juristen aufhören, nur in Risiken zu denken, und anfangen, über Chancen zu sprechen: Chancen, Beziehungen gerechter zu machen. Chancen, Familienstrukturen zu stärken. Chancen, das Recht als Werkzeug des Vertrauens zu begreifen.

Was bleibt

Ich bin Anwältin.

Ich liebe Gesetze, Struktur und Sprache.

Aber am meisten liebe ich, wenn aus Recht Sicherheit wird.

Wenn eine Frau zum ersten Mal sagt: »Ich weiß jetzt, was ich wert bin.«

Wenn ein Mann zum ersten Mal sagt: »Ich will, dass du genauso abgesichert bist wie ich.«

Wenn zwei Menschen sich in die Augen sehen und sagen: »Wir regeln das – gemeinsam.«

Dann weiß ich, warum ich diesen Beruf gewählt habe.

Denn am Ende geht es nicht um Paragrafen.

Es geht um Menschen.

Und darum, dass Liebe eine faire Chance bekommt – mit Kopf, Herz und Verstand.

22 Anhang: Tools, Vorlagen & Glossar

22.1 Musterformulierungen für faire Vereinbarungen

Die folgenden Beispiele sollen Anregung sein – keine starren Vorlagen. Jede Vereinbarung sollte individuell angepasst und idealerweise anwaltlich geprüft werden. Sie helfen dennoch, über wichtige Themen ins Gespräch zu kommen – und sie zu Papier zu bringen.

Muster: Fairer Ehevertrag (Auszug)

§ 1 Güterstand

Die Ehegatten leben im Güterstand der **modifizierten Zugewinngemeinschaft.**

Von dem Zugewinnausgleich ausgenommen werden:

- Unternehmensanteile und Betriebsvermögen von [Name],
- Schenkungen und Erbschaften,
- Vermögenswerte, die vor der Ehe vorhanden waren.
  Für Care-Arbeit wird ein Ausgleich gemäß § 3 vereinbart.

§ 2 Ausgleich von Care-Arbeit

Für jedes volle Jahr, in dem ein Ehegatte überwiegend Kinderbetreuung, Pflege oder Haushaltsführung übernimmt, erhält er/sie eine jährliche Ausgleichszahlung in Höhe von 3.000 €.

Diese kann durch Überweisung auf ein separates Sparkonto oder durch Erhöhung der Altersvorsorge umgesetzt werden.

§ 3 Unterhalt

Die Parteien verpflichten sich, im Fall einer Trennung zunächst eine **Mediation** durchzuführen, bevor gerichtliche Schritte eingeleitet werden.

Ein Verzicht auf nachehelichen Unterhalt erfolgt **nicht,** soweit eine ehebedingte Erwerbseinschränkung besteht.

§ 4 Immobilien

Erworbene Immobilien werden grundsätzlich **beide im Grundbuch** eingetragen, unabhängig davon, wer den Kreditvertrag unterzeichnet.

Sollte dies nicht erfolgen, wird der/die andere Partnerin im Falle der Trennung mit einer Abfindung in Höhe von 50 % des Wertzuwachses beteiligt.

§ 5 Schlussbestimmungen

Dieser Vertrag kann alle fünf Jahre überprüft und angepasst werden. Änderungen bedürfen der Schriftform.

Muster: Partnerschaftsvereinbarung (für unverheiratete Paare)

§ 1 Zweck der Vereinbarung

Diese Vereinbarung regelt die gemeinsamen finanziellen und organisatorischen Angelegenheiten der Partnerschaft zwischen [Name 1] und [Name 2].

§ 2 Finanzen

- Die Partner führen getrennte Konten.
- Für gemeinsame Haushaltskosten wird ein Gemeinschaftskonto geführt.
- Beiträge erfolgen zu gleichen Teilen/im Verhältnis der Nettoeinkommen.

§ 3 Vermögen & Anschaffungen

- Größere Anschaffungen (über 1.000 €) werden schriftlich vereinbart.
- Eigentum wird dokumentiert, z.B. im Anhang dieser Vereinbarung.

§ 4 Absicherung & Vorsorge

- Beide Partner verpflichten sich, eine private Altersvorsorge zu führen.
- Im Krankheitsfall gilt gegenseitige Unterstützung.
- Eine Vorsorgevollmacht wird separat erstellt.

§ 5 Trennung

- Im Falle der Trennung wird ein gemeinsames Gespräch oder eine Mediation vereinbart.
- Das gemeinsame Eigentum wird nach dokumentiertem Anteil aufgeteilt.

Muster: Vereinbarung zum Care-Arbeitsausgleich

§ 1 Definition

Care-Arbeit umfasst Kinderbetreuung, Pflege von Angehörigen und Haushaltsführung.

§ 2 Ausgleichsmechanismus

Der/die Partnerin, der/die überwiegend Care-Arbeit leistet, erhält:

- monatlich eine Kompensationszahlung von [Betrag] oder
- jährliche Einzahlung in eine Rentenversicherung/ETF-Sparplan oder
- prozentuale Miteigentumsbeteiligung an gemeinsam genutztem Vermögen.

§ 3 Überprüfung

Die Vereinbarung wird jährlich überprüft und an geänderte Lebensumstände angepasst.

§ 4 Vertraulichkeit & Fairness

Beide Partner erkennen den ideellen und wirtschaftlichen Wert der Care-Arbeit ausdrücklich an. Diese Regelung dient der Wahrung von Augenhöhe und gegenseitigem Respekt.

Musterformulierungen für die rechtliche Umsetzung

Die folgenden Formulierungen sind bewusst einfach gehalten. Sie ersetzen keine individuelle Beratung, zeigen aber, wie Care-Ausgleich rechtlich klar und wertschätzend geregelt werden kann.

Muster 1: Monatlicher Care-Ausgleich (Grundmodell)

Die Ehegatten sind sich darüber einig, dass die von Partner B überwiegend erbrachte Care-Arbeit einen gleichwertigen Beitrag zur gemeinsamen Lebensführung darstellt.

Partner A verpflichtet sich daher, an Partner B ab Beginn der Reduzierung der Erwerbstätigkeit einen monatlichen Ausgleichsbetrag in Höhe von ___ Euro zu zahlen.

Der Betrag steht Partner B zur freien Verfügung und dient dem Ausgleich wirtschaftlicher Nachteile aus der übernommenen Care-Arbeit.

Muster 2: Dynamischer Ausgleich bei Einkommensänderungen

Der monatliche Care-Ausgleich beträgt ___ % der monatlichen Nettoeinkommensdifferenz der Ehegatten.

Ändert sich das Einkommen eines Ehegatten wesentlich, passt sich der Ausgleich entsprechend an.

Muster 3: Kombination aus Geldzahlung und Altersvorsorge

Zusätzlich zum monatlichen Care-Ausgleich verpflichtet sich Partner A, monatlich ___ Euro in eine private Altersvorsorge auf den Namen von Partner B einzuzahlen.

22.2 Glossar juristischer Begriffe in Alltagssprache

Einige juristische Begriffe tauchen im Familienrecht immer wieder auf. Hier werden sie einfach erklärt:

Begriff	Alltagserklärung
Zugewinngemeinschaft	Standard-Güterstand bei Ehe ohne Vertrag: Am Ende der Ehe wird das während der Ehe erworbene Vermögen ausgeglichen – aber nur, was übrig ist.
Gütertrennung	Jeder behält sein Vermögen vollständig. Kein Ausgleich, kein Risiko – aber auch kein Schutz für den wirtschaftlich Schwächeren.
Modifizierte Zugewinngemeinschaft	Angepasste Variante, bei der bestimmte Vermögenswerte (z.B. Unternehmen, Erbschaften) ausgenommen oder Care-Arbeit berücksichtigt wird.
Versorgungsausgleich	Bei Scheidung werden Renten- und Versorgungsanrechte beider Partner hälftig geteilt.
Unterhalt	Geldzahlung, um wirtschaftliche Nachteile auszugleichen – zum Beispiel Betreuungsunterhalt, Trennungsunterhalt, nachehelicher Unterhalt.
Pflichtteil	Gesetzlicher Mindestanteil am Erbe, den Kinder oder Ehepartner auch dann bekommen, wenn sie im Testament nicht bedacht wurden.
Vorsorgevollmacht	Schriftliche Erlaubnis, dass eine andere Person im Notfall rechtsverbindlich Entscheidungen treffen darf.
Patientenverfügung	Schriftliche Erklärung, welche medizinischen Maßnahmen gewünscht oder abgelehnt werden.
Betreuungsverfügung	Bestimmung, wer Betreuer werden soll, falls man selbst nicht mehr handeln kann.
Mediation	Außergerichtliches Verfahren zur Konfliktlösung – moderiert, vertraulich und meist günstiger als ein Prozess.
Sittenwidrigkeit (§ 138 BGB)	Ein Vertrag ist unwirksam, wenn er grob einseitig, unfair oder unzumutbar ist.

Begriff	Alltagserklärung
Pflegezeitgesetz (PflegeZG)	Ermöglicht Angehörigen, bis zu sechs Monate Pflegezeit zu nehmen – meist unbezahlt, aber mit Kündigungsschutz.
Elternzeit	Zeitraum, in dem Eltern nach Geburt eines Kindes unbezahlt pausieren können; gesetzlich bis zu drei Jahre möglich.
Betreuungsunterhalt	Anspruch des Elternteils, der das Kind überwiegend betreut – unabhängig von Ehe oder Lebensgemeinschaft.

22.3 Beratungsstellen & Ressourcen

Weil gute Information der erste Schritt zu fairen Entscheidungen ist, hier eine Auswahl seriöser Anlaufstellen:

Bundesweite Anlaufstellen

- **Bundesministerium für Familie, Senioren, Frauen und Jugend (BMFSFJ)**
  www.bmfsfj.de – Informationen zu Gleichstellung, Familienrecht, Elterngeld, Pflegezeit
- **Verbraucherzentrale**
  www.verbraucherzentrale.de – Rechtsberatung zu Verträgen, Finanzen und Versicherungen
- **Deutscher Anwaltverein (DAV)**
  www.anwaltverein.de – Anwaltssuche für Familienrecht & Erbrecht
- **Deutscher Familienverband (DFV)**
  www.deutscher-familienverband.de – Informationen zu Familien- und Sozialrecht
- **Bundesarbeitsgemeinschaft Familienmediation (BAFM)**
  www.bafm-mediation.de – Mediatorinnen-Suche & Informationen zur Mediation

Regionale & spezialisierte Angebote

- Gleichstellungsstellen der Kommunen
- Caritas & Diakonie Familienberatung
- Notarkammern der Bundesländer (Beratung zu Testament & Vollmachten)
- Lohnsteuerhilfevereine (bei Fragen zu gemeinsamer Veranlagung, Elterngeld, Unterhalt)

22.4 Literaturtipps & weiterführende Links

Wer tiefer einsteigen möchte, findet hier fundierte und praxisnahe Quellen:

Bücher & Fachliteratur

- **Anna Kiehl:** *HENKELFRAU – Alles im Griff* (2021)

  Ein humorvoller, klarer Ratgeber für Frauen, die ihre finanzielle und rechtliche Unabhängigkeit ernst nehmen.
- **Caroline Waldeck:** *Was Paare wissen müssen – Ehevertrag, Unterhalt, Scheidung* (C.H. Beck Verlag, 2023)

  Juristisch präzise, alltagstauglich erklärt.
- **Mareike Kaiser:** *Was Care-Arbeit wirklich wert ist* (Kösel Verlag, 2022)

  Gesellschaftlicher Blick auf unbezahlte Arbeit und Gleichberechtigung.
- **Udo Reifner:** *Geld, Macht und Liebe – Ökonomische Grundlagen der Partnerschaft* (Nomos Verlag, 2020)

Online-Ressourcen

- www.familienportal.nrw – Informationen zu Elterngeld, Mutterschutz, Familienrecht
- www.justiz.de – Rechtsprechung, Formulare und gesetzliche Grundlagen
- www.verbraucherzentrale.de/themen/geld-versicherungen – Finanzplanung & Vorsorge
- www.deutsche-rentenversicherung.de – Rentenrechner, Beratung & Versorgungsausgleich

Index